FACULTÉ DE DROIT DE PARIS

THÈSE
POUR LE DOCTORAT

PRÉSENTÉE

PAR

HENRI MASCAUX
Avocat à la Cour impériale de Paris

PARIS
IMPRIMÉ PAR E. THUNOT ET Cie
26, RUE RACINE

1866

FACULTÉ DE DROIT DE PARIS.

THÈSE POUR LE DOCTORAT

PAR

HENRI-FRANÇOIS-ADRIEN-DIEUDONNÉ MASCAUX,

AVOCAT A LA COUR IMPÉRIALE DE PARIS,

Né à Iwuy (Nord).

DROIT ROMAIN

DES GARANTIES ACCORDÉES A LA FEMME POUR LA RESTITUTION DE SA DOT.

DROIT FRANÇAIS

DES DROITS DES CRÉANCIERS DE LA FEMME MARIÉE SOUS LE RÉGIME DE LA COMMUNAUTÉ LÉGALE OU CONVENTIONNELLE.

L'ACTE PUBLIC SUR LES MATIÈRES CI-APRÈS SERA SOUTENU

le lundi 13 août 1866, à 2 heures.

EN PRÉSENCE DE M. L'INSPECTEUR GÉNÉRAL CH. GIRAUD,

PRÉSIDENT : M. LABBÉ, professeur,

SUFFRAGANTS : MM. VALETTE, DEMANGEAT, COLMET DE SANTERRE, Professeurs ; DESJARDINS, Agrégé.

Le candidat répondra, en outre, aux questions qui lui seront faites sur les autres matières de l'enseignement.

PARIS

IMPRIMÉ PAR E. THUNOT ET Ce,

RUE RACINE, 26, PRÈS DE L'ODÉON.

1866

11

A MON PÈRE, A MA MÈRE.

A MA SŒUR.

DROIT ROMAIN.

DES GARANTIES ACCORDÉES A LA FEMME POUR LA RESTITUTION DE SA DOT.

PREMIÈRE PÉRIODE.

ORIGINES DE LA DOT.

1. Le régime dotal du Droit romain, quel que soit celui de ses aspects sous lequel on le considère, présente un sujet d'étude intéressant à un double titre. La plupart de ses règles, en passant dans notre législation moderne, ont conservé leur caractère d'utilité pratique, et leur développement successif est un curieux exemple des transformations qu'une institution peut subir à travers les âges,

2. Les origines de la dot sont obscures. On sait

seulement que dans les premiers siècles de Rome la femme romaine, malgré son mariage, restait en principe sous la puissance paternelle ou la tutelle de ses agnats, mais que le plus ordinairement elle passait sous la *manus* de son mari (Denys d'Halicarnasse, liv. 2, chap. 25), puissance absolue, identique à la puissance paternelle et qui s'étendait à la personne et aux biens. Ce résultat se produisait sur-le-champ quand le mariage avait été accompagné des formes solennelles de la confarréation ou de la coemption, sinon il fallait que la femme eût habité au domicile du mari une année entière, sans une interruption de trois nuits, pour que la *manus* appartînt à celui-ci. Si alors la future épouse était *sui juris* et avait quelques biens, ils devenaient la propriété du mari, c'était une acquisition à titre universel. Si, soumise à la puissance de son père ou de son aïeul, elle n'avait rien en propre, elle ne pouvait rien apporter; mais depuis longtemps l'usage s'était établi pour le futur époux de stipuler du père de sa femme, au jour des fiançailles, une somme déterminée, et de ce don nuptial le mari devenait encore le maître absolu. Aussi, bien que l'on trouve déjà dans les auteurs latins, et notamment dans Cicéron (*Topic.*, 4), le nom de dot appliqué à ces biens provenant de la femme ou à cette somme donnée par son père, il est bien impossible de voir là les origines d'un régime dotal.

3. A cette première époque du Droit romain, la femme, presque toujours *in manu*, n'avait donc pas de biens en propre, et la confusion de son apport avec le patrimoine du mari était définitive et ne cessait pas

à la dissolution du mariage. Que cette conséquence de la *manus* n'ait pas paru choquante, c'est ce qu'expliquent les deux raisons suivantes : la première, c'est qu'à l'époque dont nous parlons, la dissolution du mariage n'avait jamais lieu que par la mort de l'un des époux ; le divorce, permis par les lois, n'était point pratiqué (Aulu-Gelle, *Nuits attiques*, liv. 4, § 3), et il n'était point dès lors extraordinaire que la dot demeurât au mari survivant ou à ses héritiers. La seconde, c'est que la *manus* créait à la femme une situation particulière ; elle devenait *loco filiæ*, elle était la fille aînée de son mari et la sœur de ses enfants, et comme telle, elle acquérait des droits sur leur succession. Si le mari prédécédait sans enfants, elle recueillait tous ses biens ; s'il laissait des enfants, elle partageait avec eux.

4. Mais au VIe siècle, les mœurs changèrent. L'exemple de Sp. Carvilius Ruga, homme de noble race qui le premier vers l'an 520 avait répudié sa femme, devint bientôt contagieux. C'était l'époque où Rome victorieuse de Carthage avait soumis la Grèce, et celle-ci se vengeait de ses maîtres en leur donnant ses vices. Les divorces se multiplièrent à tel point que la durée d'un mariage ordinaire finit par ne plus dépasser celle d'un consulat. On dut être de plus en plus choqué des conséquences rigoureuses qu'entraînait la *manus*. Un homme pouvait, en épousant une femme, acquérir tous ses biens, puis, sous un futile prétexte, briser le lien qui l'unissait à elle, et cependant elle n'avait aucun droit de reprise sur les biens apportés ou donnés. C'est alors, et pour parer à cet inconvénient, que s'introduisit

l'usage d'imposer au mari l'obligation de restituer la dot après le divorce : voici en effet ce que dit Aulu-Gelle. « Il est de tradition que pendant près de cinq cents ans, il n'y eut dans la ville ni dans le Latium aucune caution, aucune action relative aux biens de la femme mariée. Le besoin sans doute ne s'en était pas fait sentir, parce que l'on ne voyait pas alors de mariage dissous par le divorce. Aussi Servius Sulpicius, dans son traité *de dotibus*, a écrit que pour la première fois après le divorce de Carvilius Ruga, on a regardé comme nécessaire la caution des biens de la femme, *rei uxoriæ*. « Tunc primum cautiones rei uxoriæ necessarias esse visas, scripsit. » Aulu-Gelle, IV, 3. Ainsi commence à disparaître la confusion primitive des biens de la femme et du mari, et désormais il pourra y avoir lieu dans un cas à la restitution de la *res uxoria*.

5. Cependant, l'exercice du divorce amène un changement plus radical. Le mariage antique, avec ses formes solennelles, qui donne au mari une sorte de souveraineté, *jus majestatemque viri*, fait place au mariage libre, *per usum*, qui, par l'habitude facile de l'interruption annale, ne produit plus la puissance maritale ou la *manus*. La femme reste dans sa famille et sous la puissance de son père ; ou, si elle est *sui juris*, elle conserve son indépendance vis-à-vis de son mari. Ses biens, si elle en a, lui restent propres ; seulement comme elle doit subvenir aux charges du mariage qui pèsent sur le mari, elle se constitue ou il lui est constitué en dot par ses parents ou même un étranger, une certaine quantité de biens dont le mari devient propriétaire, mais qu'il s'oblige à restituer dans le cas où le

mariage serait dissous par le divorce; et la même obligation est étendue à ses héritiers, dans le cas où la femme survivrait. Désormais on peut définir la dot tout ce qui est apporté de la part de la femme au mari *ad onera matrimonii ferenda*.

6. La propriété des biens composant la dot était transférée au mari par l'un des modes ordinaires de translation de la propriété, la simple tradition, la mancipation, l'*in jure cessio*, etc.; ces biens se confondaient avec les siens et il en avait la libre disposition; seulement on lui imposait, comme nous l'avons dit, l'obligation de les restituer dans certains cas. Comment s'introduisit cet usage, qui, ainsi que le rapporte Aulu-Gelle, prit naissance après le divorce de Carvilius Ruga? C'est ce que l'on ne savait déjà plus au temps de Théodose : « Sive ex jure, sive ex consuetudine lex proficiscitur » dit, en effet, une constitution de Justinien empruntée au Code Théodosien (C. Just. lib. V, tit. 20. l. 1). Il est probable que la restitution de la dot n'avait lieu d'abord qu'au cas où elle avait été stipulée soit par la femme elle-même *sui juris*, soit par son père au cas de dot profectice, soit par un étranger au cas de dot adventice. Peut-être aussi qu'en transportant au mari la propriété des choses dotales le constituant ajoutait une clause de fiducie qui obligeait le mari à retransférer la propriété à la femme dans les cas déterminés. La femme avait ainsi pour obtenir la restitution de sa dot une action *ex stipulatu* ou une action *fiduciæ directa*. L'usage de stipuler du mari des cautions ou des fidéjusseurs pour garantir la restitution de la dot, s'est maintenu jusqu'au Bas-Empire et

nous verrons quelles modifications Justinien lui a fait subir.

7. Du reste il n'y avait point encore là une protection particulière accordée à la femme pour recouvrer sa dot, mais un moyen de se procurer une sûreté que lui ouvrait le droit commun. Si la femme négligeait de se ménager ces garanties, elle n'avait aucune action contre son mari ou ses héritiers.

8. Cependant la stipulation de restitution de la dot devenant d'un usage universel, la dot perd peu à peu son caractère primitif. A l'idée d'une acquisition faite par le mari à titre universel et irrévocable, succède l'idée plus exacte d'une donation ayant un but spécial, permettre à la femme de contribuer aux charges du mariage présent, et celui-ci dissous, d'en contracter un second, et l'on ne tarde pas à en tirer cette conséquence, que la dot doit de plein droit être restituée à la femme, toutes les fois qu'elle survit au mariage. Ainsi prend naissance l'action *rei uxoriæ*, action personnelle et de bonne foi, donnée à la femme, en l'absence de toute stipulation pour demander la restitution de sa dot, en même nature, qualité et quantité, ou bien l'estimation, pour les choses de consommation ou mises à prix par le contrat ; et identiquement pour les autres choses. A quelle époque précise s'accomplit ce progrès dans la législation romaine, c'est ce qu'on ne saurait dire, mais on peut voir là l'influence de mœurs nouvelles agissant sur la jurisprudence civile. Quoi qu'il en soit, cette action *rei uxoriæ* existait déjà du temps de Cicéron, car il nous apprend, dans les *Offices*, que l'action *rei uxoriæ* est une action de bonne foi, portée

devant les arbitres. « Hæc verba excellunt in arbitrio rei uxoriæ, melius æquius. » (Off. III, 15.)

9. La stipulation ne cessa pas toutefois d'être employée, mais elle n'intervint plus que pour assurer à la femme, avec le bénéfice de l'action *ex stipulatu*, celui de garanties plus puissantes, comme nous le verrons plus tard en comparant cette action avec l'action *rei uxoriæ*.

10. Nous arriverons ainsi aux derniers temps de la république romaine, et les progrès accomplis jusque là peuvent se résumer ainsi : distinction du patrimoine de la femme d'avec celui du mari ; constitution expresse d'une dot destinée à subvenir aux charges du mariage ; propriété absolue du mari sur les biens composant cette dot, mais première restriction apportée à cette propriété par l'obligation de rendre les biens dotaux dans certains cas ; cette obligation d'ailleurs n'est encore sanctionnée par aucune garantie autre que celle de l'action accordée de plein droit à la femme.

DEUXIÈME PÉRIODE.

DEPUIS AUGUSTE JUSQU'A JUSTINIEN.

11. Cette période qui vit la législation romaine arriver à sa perfection et la science du droit briller d'un éclat qui n'a pas été surpassé, s'ouvre, en ce qui concerne notre matière, par une innovation considérable et qui constitue la première et l'une des plus sûres garanties qui aient été accordées à la femme pour la conservation de sa dot. Je veux parler de la loi Julia *de adulteriis et de fundo dotali.*

12. Épuisée par les expéditions lointaines, décimée par les guerres civiles, livrée à une corruption qui faisait considérer le mariage comme un joug trop pesant, la population romaine s'affaiblissait chaque jour sans pouvoir réparer ses pertes. Aussi, favoriser les unions légitimes, tel est le but où tendent tous les efforts du législateur de cette époque, et pour y parvenir il édicte de nombreuses lois dont l'une des plus célèbres est la loi Julia *de adulteriis*, qui est de l'an 737 de la fondation de Rome. Auguste s'y propose deux choses : pousser au mariage les hommes et les femmes : les hommes, en leur donnant le moyen de réprimer les dérèglements et l'adultère de leur femme; les femmes, en les rassurant contre le danger de perdre

la partie la plus précieuse de leur dot, mise désormais à l'abri des prodigalités de leur mari (M. Demangeat, *de la condition du fonds dotal*, p. 61).

13. Jusqu'ici le droit de propriété du mari sur les biens composant la dot n'avait subi aucune altération; désormais il est restreint et limité par les prohibitions de la loi Julia, mais il n'en reste pas moins un droit de propriété, le mari est toujours *dominus dotis*. En ce qui concerne les meubles dotaux, ce droit de propriété du mari ne souffre aucune espèce de restriction; cela ressort suffisamment des textes de Gaius (C. 2, § 63) et des Institutes (Pr., liv. 2, T. 8) qui, en mentionnant la limitation apportée par la loi Julia aux pouvoirs du mari, ne parlent jamais que du *prædium dotale* ou de *res soli*, mais surtout de la loi 21, *De manum.* (40. 1. D.), qui montre que le mari, quand il est solvable, peut affranchir un esclave dotal sans avoir besoin du consentement de sa femme. La question de l'inaliénabilité de la dot mobilière, si débattue chez nous, ne pouvait point se présenter en Droit Romain.

14. Ce sont donc les immeubles dotaux seuls qui sont soustraits par la loi Julia à la libre disposition du mari; c'est là en effet la partie la plus importante de la dot et assez souvent peut-être la dot tout entière, car la femme devait préférer garder les *res nec mancipi* dont elle pouvait disposer à son gré, sans être forcée de recourir à l'*auctoritas tutoris*. Ainsi limité, le droit du mari sur les immeubles dotaux était encore, je le répète, un droit de propriété qui lui était transmis par mancipation, *in jure cessio*, etc.; nous verrons si, sous Justinien, ce droit ne devint pas une fiction, mais à l'époque où nous sommes, et malgré la contradiction apparente de certains textes, ce droit est encore une réalité. Si dans la loi 15 D. *qui satis dare coguntur*, le jurisconsulte déclare que l'immeuble dotal suffit pour dispenser le mari et la femme de donner la caution *judicio sisti*, qui devait assurer la comparution du plaideur devant le magistrat, parce que tous deux, comme *possessores rerum immobilium*, ils offrent une garantie suffisante, il n'en faut pas conclure que la femme ait un droit de propriété sur le fonds dotal mais seulement que par le droit éventuel qu'elle a sur cet immeuble, par l'utilité qu'elle en retire, la femme présente autant de garantie que si effectivement elle avait sur ce fonds un droit de propriété. De même dans la loi 21, § 4, *ad municipalem*, le jurisconsulte Paul décide que si c'est l'évaluation de la fortune des citoyens qui détermine ceux qui supporteront le fardeau des charges municipales, il ne faut pas comprendre la dot dans les biens du mari. Qu'est-ce à dire, sinon que les revenus des biens dotaux ayant une destination spéciale ne sont pas à la disposition du mari et que d'ailleurs la dissolution du mariage peut lui enlever ces biens d'un moment à l'autre?

15. Du reste, il est bien évident que même durant le mariage la femme a un grand intérêt et un intérêt actuel à avoir une dot, attendu que les revenus de cette dot lui profitent directement en permettant aux époux de vivre plus largement, voilà ce qui explique la décision que donne dans la loi 75 D. *de jure dotium*, le jurisconsulte Tryphoninus. Il suppose qu'une femme

avait acheté un fonds en se faisant promettre par son vendeur le double du prix en cas d'éviction. Elle donne ce fonds en dot à son mari sans estimation et celui-ci en est évincé. Bien que ce ne soit pas à la femme directement que le fonds soit enlevé et que cette éviction ne donne pas à son mari de recours contre elle, néanmoins le jurisconsulte décide qu'elle peut sur le champ agir contre son vendeur en vertu de la *stipulatio duplæ*. Ces mots de la loi : « quamvis in bonis mariti dos sit, mulieris tamen est », n'expriment donc pas un droit de propriété de la femme mais seulement le dommage qu'elle ressent dès à présent de l'éviction du fonds constitué en dot, dommage qui justifie l'exercice immédiat de l'action *ex stipulatu*.

16. Cette action *ex empto* ou *ex stipulatu* est également accordée au père qui a donné en dot à sa fille un immeuble qu'il avait d'abord acheté. C'est ce que décide la loi 71 D. *de evictionibus*. L'intérêt du père est d'abord évident lorsqu'il a encore sa fille sous sa puissance, parce que, de quelque manière que le mariage vienne à se dissoudre, le père doit recouvrer la dot si elle est profectice. Mais même en supposant la fille émancipée, cas où la dot ne doit revenir au père que si le mariage se dissout par le décès de la fille, l'affection paternelle est encore un intérêt propre à justifier de la part du père un recours immédiat en garantie. Ici encore ces mots « non enim, sicut mulieris dos est, ita patris esse dici potest » signifient seulement que le père n'a pas à l'existence et à l'intégralité de la dot l'intérêt présent et actuel que nous avons reconnu exister quand il s'agissait de la fille.

17. Ainsi donc la femme n'a pas même un droit de copropriété sur les immeubles dotaux, l'ancien droit du mari subsiste, mais diminué et restreint par les prohibitions de la loi Julia. Voyons donc quelles étaient les dispositions de cette loi qui concernaient le fonds dotal et comment elles se développèrent sous la double influence du temps et des progrès de la jurisprudence.

18. « Lege Julia de adulteriis cavetur ne dotale prædium maritus invita uxore alienet. » Tels sont les termes dans lesquels Paul s'exprime dans ses Sentences (II, 21, §2). Le mari ne peut aliéner le fonds dotal sans le consentement de sa femme. Du reste ce consentement peut être exprès ou tacite, il peut intervenir après coup pour ratifier une aliénation déjà faite et il peut se manifester d'une manière quelconque.

19. S'il fallait en croire le témoignage des jurisconsultes du Bas-Empire, la loi Julia aurait en outre défendu au mari d'hypothéquer le fonds dotal même avec le consentement de sa femme. (Inst. *pr. quib. alien. lic. vel non.*) Cette seconde prohibition, plus sévère que la première, n'a rien assurément qui puisse étonner ; il n'est point surprenant de voir l'hypothèque interdite à la femme quand l'aliénation lui est permise, parce que l'aliénation entraîne un dépouillement actuel auquel elle ne consent qu'en parfaite connaissance de cause, tandis qu'elle peut méconnaître le danger de l'hypothèque en se faisant illusion sur sa solvabilité future ou celle de son mari. Cependant il est assez généralement admis aujourd'hui que cette distinction entre l'aliénation et l'hypothèque n'a été

établie que par une jurisprudence postérieure à la loi Julia. Le texte des Sentences de Paul cité plus haut ne parle en effet que de la défense d'aliéner comme dérivant de la loi Julia, et il en est de même d'un texte de Gaius qui est le § 63 de son commentaire II.

De plus, si à l'époque d'Auguste on connaissait déjà l'*obligatio fundi*, cette expression s'appliquait seulement à la garantie que l'État avait de plein droit sur ses débiteurs, mais l'hypothèque, garantie accordée à un particulier, n'était pas encore employée en Italie où probablement on n'avait pas encore admis le *pignus* proprement dit, c'est-à-dire cette manière de constituer une sûreté réelle qui consiste à remettre au créancier la possession d'un objet avec pouvoir de le vendre pour se payer sur le prix. La mancipation ou la *cessio in jure* avec clause de fiducie était encore le seul mode employé pour donner à son créancier une garantie réelle.

20. Comment donc s'introduisit la prohibition absolue d'hypothéquer le fonds dotal dont il est parlé dans les textes de Justinien? par une conséquence déduite du principe nouveau qu'avait posé le sénatusconsulte Velléien en défendant aux femmes d'*intercéder* (c'est-à-dire de s'obliger ou d'obliger leurs biens) pour autrui. Les jurisconsultes considérèrent comme une *intercessio* frappée par le S.-C. le consentement de la femme à ce que le mari hypothéquât le fonds dotal. D'où il résulterait que si une hypothèque avait été constituée par le mari sur le fonds dotal du consentement de sa femme et pour garantir une dette de celle-ci, l'opération serait valable parce qu'il n'y au-

rait plus là *intercessio* de la part de la femme. Il en résulterait encore que l'hypothèque serait valable toutes les fois que la femme aurait cherché à tromper le tiers de bonne foi à qui elle la constituait, parce que comme le dit Ulpien (l. 11, § 3 *Ad Sen. Vellei*) « deceptis, non decipientibus opitulatur. »

21. Ainsi donc on immobilise la dot entre les mains du mari pendant le mariage pour que la femme puisse la recouvrer à sa dissolution.

22. Recherchons d'abord à quels biens précisément s'applique la prohibition de la loi Julia.

Nous savons déjà qu'elle ne s'applique pas aux meubles dotaux ; la loi Julia ne parlait que du fonds dotal, ce qui comprend non-seulement un fonds de terre, mais tout immeuble quelconque. Dès qu'un immeuble est dotal, il est inaliénable, il faut donc nous demander comment un immeuble acquiert cette qualité.

23. Un immeuble devenait dotal quand la femme elle-même ou son père ou même un étranger en transférait la propriété au mari à titre de dot. A la différence de ce qui a lieu dans notre droit, la dot pouvait être constituée ou augmentée au cours du mariage, sans que l'on se préoccupât du danger qu'il pouvait y avoir pour les tiers à ce qu'un immeuble devînt tacitement inaliénable.

24. Le fonds dotal peut être un *prædium urbanum* comme un *prædium rusticum*, c'est-à-dire un terrain non bâti ou une construction, qu'ils soient situés à la ville ou à la campagne.

25. Pour que le fonds soit dotal, il n'est pas néces-

saire que le mari en ait acquis le domaine quiritaire, il suffit qu'il l'ait *in bonis*. A la vérité, Ulpien semble dire le contraire dans la loi 13, § 2, *De fundo dotali*, D. « Dotale prædium sic accipimus cum dominium marito quæsitum est, ut tunc demum alienatio prohibeatur. » Mais Gaius (C. 2, § 40) explique que celui-là aussi peut être appelé *dominus* qui a seulement la chose *in bonis* parce que la propriété qui autrefois était une à Rome comme chez les autres peuples, s'est ensuite divisée en deux espèces, « divisionem accepit dominium. » Du reste cela résulte avec évidence de la loi 14 pr., D., *De fundo dotali* : cette loi suppose qu'une femme qui va épouser Titius remet à Mævius, par la volonté de son futur mari, le fonds qu'elle veut se constituer en dot, et le jurisconsulte dit que la condition du fonds sera la même que s'il eût été remis au mari, ce qui veut évidemment dire qu'il sera dotal. Or Mævius n'a pu acquérir ce fonds pour le mari que par la tradition, car on ne peut représenter une personne dans les modes solennels de translation de la propriété. D'un autre côté il s'agit évidemment de fonds italiques, car à eux seuls s'applique la loi Julia pour l'interprétation de laquelle le texte a été écrit, par conséquent de *res mancipi* sur lesquelles la simple tradition ne peut conférer la propriété quiritaire, mais seulement le droit de propriété *in bonis*. Cependant le fonds est dotal, donc, pour qu'un fonds soit dotal, il suffit qu'il soit *in bonis* du mari.

26. Peu importe que le fonds ait été constitué en dot pour le tout ou pour partie, pour une part divise ou pour une part indivise; c'est seulement en effet d'une

part indivise qu'Ulpien a pu vouloir parler dans la loi 13, § 1 *De fundo dotali*, D.

27. La loi Julia ayant été reconnue applicable non-seulement au cas où le mari avait *in bonis* le fonds apporté en dot, mais même au cas où il en avait simplement la possession de bonne foi, il semble qu'on aurait dû également l'appliquer à un fonds provincial, sur lequel le mari avait tous les droits qui peuvent appartenir à un particulier. La question était encore discutée du temps de Gaius, mais on avait fini par déclarer la loi Julia non applicable à ces sortes de fonds, c'est du moins ce que rapporte Justinien.

28. Si la femme refusait un legs ou une hérédité pour que son mari, appelé à son défaut soit comme héritier, soit en qualité de substitué en profitât, l'immeuble devenait dotal si la femme exprimait que sa renonciation était dans ce but et que le mari y donnait son consentement. Le mari ne peut pas en effet être tenu, malgré lui, de l'action *rei uxoriæ*. Du reste un étranger peut aussi, dans le but de constituer une dot, répudier un legs ou une hérédité que le mari doit recueillir comme héritier *ab intestat* ou comme substitué.

29. L'objet même qui doit composer la dot, et par suite son inaliénabilité, peut aussi dépendre de la volonté du mari ou de la femme. Ainsi une femme peut constituer en dot à son mari ce qu'il lui doit : en supposant une dette alternative soit de deux fonds, soit d'un fonds et d'une somme d'argent, et la dot constituée en ces termes : « Quod mihi debes, tibi doti erit, » il dépendra de la volonté du mari que la dot

se compose de tel ou tel fonds ou d'une somme d'argent. Le choix peut aussi appartenir à la femme, et alors celle-ci peut changer de volonté jusqu'au moment de la restitution de la dot ou du moins jusqu'à ce qu'elle ait déféré à la sommation faite par son mari, débiteur, de se prononcer. Toutefois le droit de la femme à choisir, comme celui du mari, peut être restreint par les termes mêmes de la stipulation ; si l'on s'est servi des mots *si voluero*, une fois le choix fait, on ne peut y revenir, mais les mots *quem volam* laissent au créancier la faculté de changer jusqu'au dernier moment (L. 112, pr., *Verb. oblig.*).

30. Dans l'hypothèse d'une dette alternative de deux fonds, le mari qui a le choix peut l'exercer, soit en désignant expressément l'un des fonds, soit en aliénant l'un d'eux ; l'autre sera dotal. Ce qu'il y a de particulier, c'est que ce choix n'est pas définitif et que le mari pourra, en rachetant le fonds déjà vendu, le rendre dotal. Le caractère de dotalité peut donc passer d'un immeuble à l'autre; c'est ce que le jurisconsulte exprime en disant : *Lex est ambulatoria* (L. 9, 10, 11, *De fundo dotali*, D.).

31. La loi Julia ne s'appliquait pas aux immeubles apportés en dot avec estimation, car le mari était censé acheter ces immeubles (L. 9, § 3, D., 20, *h*); les risques en étaient pour lui, et il ne devait restituer que le prix de l'estimation. Toutefois il aurait fallu décider autrement si l'estimation n'avait été faite que *taxationis causa*, comme disent les interprètes. Cette estimation n'avait pas en effet pour but d'ôter à l'immeuble le caractère d'immeuble dotal, mais de fixer par avance

la somme que le mari aurait à payer si cet immeuble venait à périr par sa faute en tout ou en partie. De plus, elle augmentait la responsabilité du mari qui s'engageait tacitement à apporter à la conservation des choses ainsi estimées, non plus seulement les soins qu'il avait coutume de donner à ses propres affaires, mais les soins d'un bon père de famille. Du reste, une estimation qui d'abord valait vente pouvait, au moyen d'un pacte, être transformée au cours du mariage en une estimation *taxationis causa*, et par là l'immeuble qui avait cessé de l'être redevenait dotal (L. 32, *De partis dotalibus*, 23, 4). Malgré l'estimation, le fonds serait encore dotal s'il avait été convenu que la femme aurait le choix de reprendre l'immeuble lui-même ou le prix de l'estimation; le mari ne pourrait donc l'aliéner que du consentement de sa femme (L. 11, C., *De fundo dotali*), mais elle serait alors en droit de redemander à son choix ou le montant de l'estimation primitive ou le prix de la vente. Si, au contraire, il dépendait du mari de restituer à son gré ou le fonds ou le prix auquel il avait été estimé, le fonds ne serait pas soumis aux prohibitions de la loi Julia. Ainsi la dotalité d'un immeuble peut dépendre de la volonté du mari ou de la femme et même de l'événement qui opérera la dissolution du mariage.

32. Il pouvait encore s'élever d'autres difficultés sur la portée de la prohibition de la loi Julia; ainsi s'appliquera-t-elle au fonds légué à un esclave dotal? s'appliquera-t-elle à la moitié indivise d'un fonds dotal, acquise par le mari en vertu d'une adjudication intervenue sur la poursuite du tiers copropriétaire?

s'appliquera-t-elle enfin aux démembrements de la propriété comme à la propriété elle-même ? Toutes ces questions sont résolues, non pas par le texte précis de la loi, mais par la jurisprudence qui en a développé le principe et déduit les conséquences.

33. Et d'abord la loi 3, pr., D., *De fundo dotali*, porte que le fonds légué à un esclave dotal devient dotal et tombe sous l'empire de la loi Julia. La décision serait exactement la même si l'esclave avait reçu une donation entre-vifs ou avait été institué héritier (L. 45, pr. et § 1, *De adq. vel om. hered.*, 29. 2). Pas de difficulté si l'acquisition de l'immeuble par le mari se réalise au cours du mariage; mais il se peut que le legs ou la donation de l'immeuble soit faite *ante nuptias* à l'esclave transféré à un simple fiancé en vue d'un mariage prochain, ou à l'esclave encore en la possession du mari *post divortium*. Dans ces deux cas, l'immeuble acquis deviendra encore dotal et par suite inaliénable. Ainsi le décident deux lois, la loi 47, D., *De jure dotium*, et la loi 31, § 4, *Sol. matr.* C'est qu'en effet le mari n'a droit qu'aux fruits des choses dotales, et seulement tant que dure le mariage ; or ont seules ce caractère les acquisitions provenant *ex operis servi*, ou bien *ex re mariti*. Tout ce que le mari acquiert à l'occasion des biens dotaux et qui ne peut pas être considéré comme fruit destiné à faire face aux charges du mariage, est réputé dotal et compris dans l'action *rei uxoriæ* ; donc, si cette chose est un fonds, il est inaliénable. M. Pellat pense, au contraire, que dans les deux dernières lois que nous avons citées, Julien voulait soutenir que tout ce qui était acquis par l'esclave dotal, de quelque

manière que ce fût, devenait la propriété définitive du mari ; il n'y aurait eu d'exception que pour le cas d'une disposition faite *contemplatione mulieris*, ou d'une acquisition réalisée *ante nuptias* ou *post divortium*. Mais alors il faut admettre que dans la loi 45, § 1, *De adq. vel om. hered.*, ce même jurisconsulte avait changé d'opinion.

Il est du reste évident que la libéralité adressée à l'esclave dotal *contemplatione ipsius mariti*, que ce soit avant, pendant ou après le mariage, n'entre point *in dotem*, mais reste propre au mari.

34. La loi 78, § 4, *De jure dotium*, s'occupe du cas où une part indivise dans un immeuble a été constituée en dot. L'autre copropriétaire intente contre le mari l'action *communi dividundo* : le partage ayant lieu, il en résulte une aliénation, mais une aliénation nécessaire à laquelle le mari peut procéder sans le consentement de sa femme. Si le fonds est également partagé en nature, la part divise qui revient au mari prend la place de la part indivise et est dotale. Si le fonds est adjugé tout entier, soit au copropriétaire, soit à un tiers, il n'y a plus *in dote* que la somme reçue par le mari. Mais si l'adjudicataire de la totalité est le mari, il est certain que la portion à laquelle il avait droit du chef de la femme est dotale. Mais *quid* de l'autre portion indivise qui lui a été attribuée par adjudication ? Tryphoninus, adoptant l'opinion de Julien, décide qu'elle n'est pas dotale, et que par suite le mari seul peut l'aliéner. Seulement, par un tempérament d'équité et pour empêcher l'indivision de renaître, on avait décidé que si le mari n'avait pas usé du droit qu'il

avait d'aliéner la part par lui acquise, il devrait la restituer à la femme en même temps que la part provenant de cette dernière. C'est que le mari est obligé de rendre, non-seulement le fonds dotal, mais encore ce qu'il acquiert à l'occasion de ce fonds, excepté les fruits, sauf, bien entendu, à se faire rembourser par la femme la somme qu'il a été condamné de payer au copropriétaire. Ni la femme ni le mari ne seraient recevables à se refuser à cet arrangement équitable. Cette loi 78, § 4, *De jure dotium*, est l'origine de notre art. 1408 C. Nap.

35. La décision devrait être la même si le mari avait formé la demande en partage avec le consentement de la femme. Mais si le mari ayant seul provoqué le partage, s'était rendu adjudicataire de tout l'immeuble, l'opération ne pourrait être critiquée parce qu'elle n'aurait point eu pour résultat une aliénation de la dot immobilière; mais on devrait laisser à la femme le choix de réclamer l'immeuble entier ou de s'en tenir à sa part primitive.

36. Il nous reste à voir si la loi Julia s'applique aux démembrements de la propriété et en particulier aux servitudes dues au fonds dotal.

Disons d'abord que, malgré l'opinion contraire de Cujas, elle nous paraît devoir s'appliquer aux droits d'emphytéose ou de superficie conférés au mari *dotis causa*, parce qu'ils constituent une sorte de *dominium*. Quant aux servitudes, Ulpien, dans la loi 5, D. *De fundo dotali*, s'exprime ainsi : « Julianus scripsit neque servitutes fundo debitas posse maritum amittere, neque alias ei imponere. » Ainsi double prohibition en ce sens que les servitudes qui existent au profit de la femme ne peuvent s'éteindre et qu'il n'en peut être constitué de nouvelles à son détriment. Et il faut appliquer la décision absolue de Julien même au cas où la servitude aurait été acquise *ex re mariti*, parce que la servitude ne peut pas avoir une autre nature que le fonds. Et non-seulement la servitude qui appartient au fonds dotal ne peut se perdre par un abandon direct, mais elle ne peut même s'éteindre par le non-usage (L. 28, *De verb. signif.*). La loi 6, *De fundo dotali*, va même plus loin ; elle décide que la femme est à l'abri même de l'*usucapio libertatis* de la part du débiteur d'une servitude urbaine, on ne tiendra pas compte des efforts par lui faits pour reconquérir la liberté de son fonds.

37. Il peut arriver que la servitude due au fonds dotal vienne à s'éteindre par confusion : c'est ce qui a lieu quand le mari acquiert la propriété du fonds servant. Mais s'il y a ensuite résolution de cette acquisition, le mari doit veiller à ce que la servitude soit rétablie, sinon il est responsable de la perte qui en résulte pour sa femme, et son insolvabilité donnerait à celle-ci le droit d'agir contre le tiers lui-même. Au contraire, le tiers serait à l'abri de tout recours de la part de la femme s'il y avait eu, non pas une résolution, mais une revente (L. 7, pr., D., *De fundo dotali*).

38. Ce que nous avons dit des servitudes prédiales ne s'applique pas aux servitudes personnelles comme l'usufruit qui peuvent s'éteindre soit par le non-usage, soit par *in jure cessio* (L. 78, § 2, *De jure dotium*). Si lors de cette extinction la femme n'avait plus la nue propriété du fonds, elle souffre un dommage dont

le mari devra l'indemniser dans l'action *rei uxoriæ*.

39. Toute aliénation est prohibée par la loi Julia ; mais il faut entendre par là tout fait volontaire qui transfère la propriété à un autre, car la loi ne pouvait point empêcher une aliénation qui se produit indépendamment de la volonté du propriétaire. La circonstance que l'immeuble est dotal ne peut pas être alors un obstacle à l'aliénation. Paul en donne un exemple dans la loi 1, pr., *De fundo dotali*, D. : en droit romain le propriétaire n'est responsable du dommage causé par sa chose que sur cette chose elle-même et non sur ses autres biens. Il a donc le choix, pour se libérer, ou de réparer le préjudice, ou d'abandonner la chose même qui l'a causé ; c'est l'abandon noxal. Menacé d'être écrasé par la chute d'un édifice, le voisin a le droit, avant cette chute, de demander au préteur qu'il lui soit donné caution que le mal sera réparé dans le cas où la chute de l'édifice lui causerait un préjudice. C'est la caution *damni infecti*. Si l'immeuble qui menace ruine est un immeuble dotal et que le mari refuse de donner au voisin la caution, le mari comme tout autre propriétaire verra le préteur envoyer le voisin en possession, puis le mettre *in causa usucapiendi*, et cette usucapion le conduira à la propriété quiritaire. Il y a là une aliénation par le fait du mari ; mais elle n'est pas purement volontaire, et cela suffit pour que la loi Julia ne s'applique pas.

40. La loi 2, Cod., *De fundo dotali*, nous fournit un deuxième exemple d'aliénation nécessaire. La femme avait apporté en dot un droit indivis sur un fonds : le copropriétaire qui n'est pas forcé de rester dans l'indi-

vision provoque le partage, et le fonds lui est adjugé tout entier. Cet acte constitue encore une aliénation, car c'est ainsi que dans la doctrine qui avait prévalu, on considérait le partage. Aussi le mari n'aurait pas eu le droit de le provoquer sans l'assentiment de sa femme ; mais ce consentement ne lui était pas nécessaire pour y répondre, parce qu'alors il s'agissait d'une aliénation nécessaire qu'il était obligé de subir. Désormais, au lieu de la valeur immobilière qui avait été apportée au mari, il n'y a plus *in dote* qu'une simple somme d'argent, qui n'est point subrogée à l'immeuble aliéné en ce sens que le mari n'aura à la restituer que dans les mêmes délais dont il jouit pour la restitution des sommes d'argent et des quantités (L. 78, § 4, *De jure dot.*).

41. Enfin, lorsque le mari ayant revendiqué le fonds dotal, le défendeur à l'action en revendication refuse de restituer ce fonds, il y a encore aliénation nécessaire dans l'opinion de ceux qui admettent que du temps des jurisconsultes Paul et Ulpien, la résistance du défendeur, s'obstinant à garder la chose malgré l'ordre du juge, ne pouvait être domptée, ni la force publique mise à la disposition du revendiquant qui tenait à recouvrer la possession effective de sa chose.

42. Nous n'avons parlé jusqu'ici que d'aliénations à titre singulier ; mais on ne peut pas faire que la propriété de la dot ne passe avec les autres biens du mari à ses successeurs à titre universel. C'est une conséquence forcée du principe que la propriété de la dot est au mari. Dans ces transmissions de propriété,

le fonds dotal ne perd pas son caractère de dotalité; il demeure entre les mains de ses nouveaux possesseurs grevé de la condition d'inaliénabilité. C'est ce que dit Paul, L. 1, pr., *De fundo dotali*. Ainsi le fonds dotal passe par succession à l'héritier du mari, au *bonorum possessor*, au fidéicommissaire; mais il y passe *cum suo jure* avec sa qualité de fonds dotal.

43. Un autre exemple d'*alienatio per universitatem* nous est fourni par la loi 2, *De fundo dotali*. C'est lorsque le mari, pour quelque cause que ce soit, devient esclave; tous ses biens passent à son maître, mais entre les mains du maître, le fonds dotal reste inaliénable.

44. Le mari peut encore subir la *media* ou la *maxima capitis deminutio*, voir ses biens confisqués et le fisc lui succéder, *in universum jus* : « Quamvis « fiscus semper idoneus sit successor, et solvendo, » comme dit Ulpien, cependant « venditio fundi impe« ditur. »

45. L'adoption et l'adrogation font passer au père *adoptivus vel adrogator* tous les biens et toutes les charges de l'adopté ou de l'adrogé; mais ici encore le fonds dotal conserve sa qualité. Enfin le mari peut contracter une société *totorum bonorum*; les biens dotaux y entreront avec les siens propres, mais sans perdre leur destination et sans que le principe de l'inaliénabilité subisse aucune altération (LL. 65, § 13, et 66, *Pro socio*).

46. Une fois admis que le fonds dotal ne pourrait plus être aliéné par le mari seul, on a été naturellement conduit à décider qu'il serait imprescriptible. Laisser subsister l'usucapion, c'était permettre au

mari de faire indirectement ce qu'il ne pourrait plus faire directement, parce que, comme le dit Paul, « vix est enim ut non videatur alienare qui patitur « usucapi. » (L. 28, *De verb. sign.*) Vainement le tiers aurait reçu de bonne foi le fonds dotal, soit du mari, soit d'un autre, sa bonne foi lui permettra seulement de gagner les fruits, mais sa possession, quelque longue qu'elle soit, ne se transformera pas en propriété, et s'il vient à la perdre, le préteur ne lui accordera pas l'action publicienne pour la lui faire recouvrer (L. 12, § 4, *De public. in rem act.*). Il faut remarquer de plus que la possibilité d'usucaper peut s'évanouir avant le mariage et ne pas renaître immédiatement après sa dissolution ; c'est qu'en effet le fonds livré *dotis causa* au fiancé est déjà dotal et qu'il ne cesse pas de l'être après le mariage jusqu'à sa restitution.

47. Cependant on faisait exception pour le cas où l'usucapion avait commencé à courir avant le mariage, ou plutôt avant que le fonds ne fût devenu dotal. Le mari qui laissait la prescription s'accomplir en était bien responsable, mais la propriété n'en était pas moins perdue pour la femme. Dans l'ancien droit on comprend parfaitement qu'il pût y avoir *datio in dotem* d'un fonds possédé par un tiers, car on pouvait, par une mancipation ou une *cessio in jure*, transférer la propriété d'un fonds qu'on ne possédait pas.

Nous verrons si, sous Justinien, la loi 16, *De fundo dotali*, demande une autre explication. Quoi qu'il en soit, les motifs de cette exception aux principes ne sont pas très-certains : peut-être se justifie-t-elle par cette raison que les jurisconsultes romains n'admettaient qu'une seule cause d'interruption de la prescription, à savoir la perte de la possession. Peut-être aussi, comme le pense M. Labbé (à son cours), les jurisconsultes ont-ils eu égard à l'*initium usucapionis*, car à beaucoup de points de vue c'est à ce moment qu'on se place pour rechercher si les conditions requises pour usucaper font ou non défaut.

Enfin il est possible, selon M. Labbé, qu'on se soit dit : Quand le tiers possesseur est *in causa usucapiendi* avant le mariage, il est moins à craindre que l'usucapion cache une aliénation du fonds dotal. On sait que cette exception à l'imprescriptibilité de l'immeuble dotal est encore admise chez nous (art. 1561).

48. Nous avions déjà dit que ni le non-usage pendant deux ans ni l'*usucapio libertatis* ne pouvaient faire perdre au fonds dotal une servitude prédiale ou une servitude urbaine qui lui serait due. Ici encore une exception doit être admise : l'*usucapio libertatis* régulièrement commencée avant le mariage s'accomplira malgré la dotalité survenue. Mais il ne peut y avoir rien de semblable quand il s'agit de la perte *non utendo*, car la simple inaction du titulaire de la servitude, tant qu'elle n'a pas duré deux ans, ne peut pas valoir droit acquis pour le propriétaire du fonds servant.

49. Remarquons en terminant sur cette matière que la dotalité de l'immeuble et par suite son inaliénabilité pouvait commencer avant le mariage et se prolonger au delà ; c'est qu'on avait coutume de transférer au futur mari la propriété de la dot dès avant la célébration du mariage, et la restitution seule la faisait éva-

nouir après la dissolution. Pendant ces deux époques les mêmes dangers existaient pour la fortune de la femme; la jurisprudence y étendit les règles de la dotalité. Cela serait tout à fait contraire aux principes de notre droit français en matière de contrat de mariage.

50. Voyons maintenant quel était l'effet de l'aliénation de l'immeuble dotal, faite au mépris des prohibitions de la loi Julia. L'inaliénabilité n'étant établie que dans l'intérêt de la femme, l'aliénation ne pouvait être nulle de plein droit, mais son effet était subordonné à la question de savoir si l'immeuble devait, oui ou non, faire retour à la femme. Si donc un étranger en constituant un immeuble en dot avait stipulé qu'il lui serait rendu à la dissolution du mariage, rien n'entravait le pouvoir de disposer du mari, si ce n'est l'obligation de restituer dont il était tenu envers le constituant. L'héritier même de la femme n'a le droit d'attaquer l'aliénation qu'autant que ce droit est né dans la personne de la femme, c'est-à-dire qu'autant que l'aliénation a eu lieu du vivant de la femme. Ainsi, je suppose le mariage dissous : la femme meurt après avoir mis son mari en demeure de restituer la dot et transmet ainsi à son héritier l'action *rei uxoriæ ;* mais avant que l'héritier n'exerce cette action, le mari aliène le fonds dotal; cette aliénation sera valable, car le droit d'en demander la nullité n'ayant jamais appartenu à la femme, n'a pas été transmis par elle à son héritier. Il en serait de même si, après la mort de la femme, le mari aliénait le fonds dotal avant que l'héritier n'ait exercé l'action *ex stipulatu.* Le père lui-même qui reprend dot profectice, ne paraît pas avoir pu invoquer une

inaliénabilité qui n'avait pas été établie en sa faveur; à plus forte raison le mari qui, en cas de prédécès de la femme, gagne la dot adventice, ne peut pas évincer le tiers acquéreur.

51. La sanction de la loi Julia est donc la nullité de l'aliénation consentie contrairement à ses prohibitions; mais à quelle époque et par qui cette nullité pourra-t-elle être invoquée? C'est là une question sur laquelle on n'est pas d'accord. Les uns refusent au mari la revendication du fonds dotal qu'il a vendu et ne l'accordent qu'à la femme, quand elle a le droit de poursuivre la restitution de sa dot. Les autres accordent cette revendication à la femme même pendant la durée du mariage. Nous croyons qu'il faut admettre, avec M. Demangeat, que le mari peut revendiquer le fonds dotal contre son acheteur et les ayants cause de celui-ci, par cette raison qu'il y a nullité non-seulement de l'aliénation, mais du contrat de vente lui-même (L. 42 *De usurp.*) au même degré que s'il avait été conclu par un prodigue interdit. Le mari resté propriétaire peut donc revendiquer : si donc, en demeure de restituer la dot, il n'a pas encore exercé cette revendication, il doit céder son action à la femme ; et faute par lui de le faire, celle-ci obtiendra du préteur une revendication utile. Mais nous savons que la femme peut ratifier l'aliénation qui a été faite ; or il y aurait ratification tacite de sa part si elle acceptait un legs à elle fait par le mari dans un testament où il chargeait l'acheteur du fonds de payer le montant du prix à la femme ; en acceptant le legs, elle s'engage à respecter toutes les volontés du défunt et ne peut plus revendiquer.

52. De même que le mari ne peut aliéner le fonds dotal, de même il ne peut le léguer. Dans la loi 13, § 4, *De fundo dotali*, le jurisconsulte suppose que le mari ayant légué le fonds dotal, institue ensuite la femme son héritière. Il semblerait qu'en faisant adition la femme rend le legs valable ; mais on vient encore à son secours, et on lui permet de n'exécuter le legs intégralement qu'autant qu'elle se trouve indemnisée par les valeurs comprises dans l'hérédité.

53. Tel est l'ensemble des dispositions prises par le législateur et développées peu à peu par les jurisconsultes pour empêcher les biens dotaux de sortir du patrimoine du mari et assurer ainsi à la femme la conservation de sa dot. Nous avons cru devoir les étudier en détail, parce qu'elles créent une garantie d'autant plus puissante qu'elles ont pour but, non pas de réparer la ruine mais de la prévenir.

54. Nous revenons maintenant à cette autre protection plus générale parce qu'elle s'étend à toute la dot et qui consiste dans les actions accordées à la femme à la dissolution du mariage, ou même parfois pendant le mariage, en cas d'insolvabilité du mari. Nous savons que déjà sous la république la femme a deux actions pour obtenir la restitution de sa dot : l'une, l'action *rei uxoriæ*, qui lui a été accordée de plein droit à une époque qu'on ne saurait préciser; l'autre, l'action *ex stipulatu*, qui n'existe qu'autant qu'elle résulte d'une convention expresse, garantie empruntée au droit commun, mais dont l'usage ne disparut point quand on put compter sur une action en dehors de toute stipulation, parce qu'elle procurait un secours plus énergique. C'est ici

qu'il convient d'étudier ces deux actions, qui sans doute ne reçurent tout leur perfectionnement que de la jurisprudence classique. Voyons donc en quoi elles diffèrent.

55. 1° L'action *rei uxoriæ* est non-seulement une action de bonne foi, mais encore elle est *in bonum et æquum concepta* (*quidquid æquius melius*), c'est-à-dire que le juge a dans cette action une latitude de pouvoir bien plus grande que dans les actions *bonæ fidei* ordinaires. Ainsi si la chose donnée en dot a été estimée et que la femme soit lésée par une estimation trop faible ou le mari par une estimation trop forte, le juge viendra au secours de la partie lésée quelle qu'elle soit, majeure ou mineure (L. 6, § 2, D., *De jure dot*). Cependant l'estimation vaut vente et quand elle devint une cause de rescision de la vente, la lésion dut être de plus de moitié du juste prix, et c'est en faveur du vendeur seul que la rescision put avoir lieu.

L'action *ex stipulatu* est une action *stricti juris* : le juge est renfermé dans les limites de la formule et dans les termes de la stipulation.

56. 2° Introduite bien moins dans l'intérêt de la femme elle-même que dans le but de favoriser les seconds mariages, « cum dotatas esse feminas ad sobolem procreandam replendamque liberis civitatem maxime sit necessarium (L. 1, *Solut. matrim.* Dig.) » l'action *rei uxoriæ* doit être strictement personnelle à la femme. Elle ne se transmet donc pas à ses héritiers lorsque ayant survécu à la dissolution du mariage, la femme n'a pas mis son mari ou les héritiers de son mari en demeure de restituer.

Au contraire, la stipulation donne à la femme un

droit transmissible à ses héritiers, et que ceux-ci peuvent exercer, soit que la femme soit morte pendant le mariage ou sans avoir mis son mari en demeure.

57. 3° Poursuivi par l'action *rei uxoriæ*, le mari jouit du bénéfice de compétence, c'est-à-dire qu'il n'est tenu que *quatenus facere potest*, à la condition toutefois que le mari n'ait pas diminué ses biens par dol pour nuire à sa femme (L. un., § 7, C. *De rei uxoriæ act.*), car alors, comme dit Cujas, *dolus pro facultatibus est* D'ailleurs le mari doit, en fournissant une *cautio*, prendre l'engagement de payer le surplus dès qu'il sera revenu à meilleure fortune. (L. un., § 7, C., *De rei uxoriæ actione.*)

Ce bénéfice de compétence n'est point accordé au mari contre lequel est intentée l'action *ex stipulatu.*

58. 4° Le mari tenu de l'action *rei uxoriæ* pouvait exercer certaines rétentions, *propter liberos*, *propter mores*, *propter res amotas*, *propter res donatas*, *propter impensas* (Fragm. d'Ulpien, 6, §§ 9 et suiv.).

L'action *ex stipulatu* n'admet aucune rétention sur la dot. Voici comment le mari trouvera le moyen de recouvrer ce qui peut lui être dû.

La rétention *ob liberos*, qui a lieu lorsque la conduite de la femme a amené la nécessité du divorce, disparaît complétement, car alors même que la femme agit par l'action *rei uxoriæ*, le mari ne peut profiter que par voie de rétention et non par voie d'action du sixième qui lui est attribué pour chaque enfant. Au lieu de la rétention *propter mores*, le mari a l'action *de moribus* pour obtenir le huitième ou le sixième de la dot, suivant que la faute de la femme est *levior* ou *gravior*. Au lieu de la rétention *propter res amotas*, le mari a l'action *rerum amotarum*. Au lieu de la rétention *propter res donatas*, il a ou bien une action *in rem*, soit directe si les choses données existent encore, soit utile si les choses données ont servi à en acquérir d'autres; ou bien une *condictio sine causa* ou *ex injusta causa*, si les choses données ont été consommées et même une action *ad exhibendum* et l'action de la loi Aquilia si elles ont été détruites par dol, surtout si cela a eu lieu depuis le divorce. Enfin les dépenses nécessaires diminuent la dot de plein droit; si le mari a restitué la dot entière sans retenir la somme dépensée, on a fini par admettre qu'il aurait une *condictio indebiti*; s'il s'agissait de dépenses utiles faites soit avec le consentement de la femme, soit sans ce consentement, on hésitait à donner au mari les actions *mandati* ou *negotiorum gestorum*, parce que la dot lui appartenant il était censé avoir fait la dépense sur sa propre chose : sous Justinien, ces deux actions lui seront accordées. Les dépenses voluptuaires ne donnent lieu à aucune action. Ces diverses actions appartenaient aussi au mari défendeur à l'action *rei uxoriæ*, quand il avait négligé de faire les rétentions auxquelles il avait droit.

59. 5° Quand la dot consiste en quantités ou en choses fongibles, le mari poursuivi par l'action *rei uxoriæ*, a un délai de trois ans pour restituer, et il restitue par tiers chaque année. « Dos, si pondere, numero, mensura contineatur, annua, bima, trima die redditur, nisi ut præsens reddatur convenerit. » (Frag. d'Ulpien, 6, § 8.)

Le mari tenu de la restitution en vertu d'un contrat *verbis* ne jouit d'aucun délai, si ce contrat ne lui en accorde aucun.

60. 6° Si le mari avait fait en faveur de sa femme une disposition de dernière volonté, comme un legs ou un fidéicommis, en vertu de l'édit *De alterutro*, la femme devait opter entre le bénéfice de cette dernière disposition et l'exercice de l'action *rei uxoriæ* (L. un., § 3, C., *De rei uxoriæ actione*), et après avoir exercé son choix, elle devait, en donnant des fidéjusseurs, s'engager envers les héritiers de son mari à ne rien leur demander de plus.

Au contraire, agissait-elle par l'action *ex stipulatu*, la femme pouvait cumuler avec le legs la restitution de sa dot, car la femme était créancière de sa dot, et le legs ne se confond pas avec les créances.

61. La dissolution du mariage arrivant par la mort du mari ou par le divorce, la femme avait donc pour se faire restituer sa dot l'une ou l'autre de ces deux actions. Mais ni l'une ni l'autre ne lui donnait plus de droits qu'à tout autre créancier chirographaire du mari.

62. Cependant avec la loi Julia un élément nouveau s'était introduit dans le droit civil. C'est une pensée politique qui avait dicté cette loi : il fallait repeupler la république et favoriser les seconds mariages.

De plus en plus la dot est considérée comme chose d'intérêt public dont il faut assurer la conservation, et le législateur est ainsi conduit à faire de la créance dotale une créance privilégiée. C'est pour motiver cette nouvelle faveur accordée à la femme pour la répétition de sa dot que les jurisconsultes proclament ce principe fameux : « Reipublicæ interest, mulieres dotes salvas habere, propter quas nubere possunt. » (L. 2, D., *De jure dot.*)

63. On ne sait à quelle date il faut placer la naissance de ce privilége. Les textes du Digeste qui le mentionnent sont rares, et la plupart ne se rapportent pas à l'action dotale, mais aux actions analogues qui pouvaient compéter à la femme pour recouvrer des biens qu'elle avait voulu se constituer en dot, mais qui n'avaient jamais été dotaux.

64. Ce privilége, qui est au nombre des *privilegia inter personales actiones*, ne ressemblait pas à ce que nous appelons aujourd'hui un privilége. Il ne conférait à la femme aucun droit réel, mais lui donnait seulement un droit de préférence sur les créanciers simplement chirographaires de son mari. C'est ainsi qu'il faut entendre la loi 1, D., *Sol. matrim.* « Dotium causa semper et ubique præcipua est. » *Ubique*, c'est-à dire, selon Cujas, dans les provinces aussi bien qu'en Italie; *semper*, c'est-à-dire à quelque époque qu'ait lieu la restitution de la dot. La créance de la femme qui primait toutes les autres créances chirographaires, même antérieures en date, pouvait se trouver en concours avec d'autres créances également privilégiées, et ce n'était pas toujours elle qui l'emportait. Ainsi, en cas de concours entre le privilége de la femme et celui du fisc, celui-là l'emportait qui était antérieur en date, c'est du moins l'opinion de Cujas (*Recitat. solemn.*, ad lib. 5, Cod., tit. 12), qui tire un argument *a contrario* de la loi 9, Cod. *De jure dotium*. Toutefois ce point est

contesté et d'autres soutiennent que le mot *postea*, qui d'ailleurs manque dans certains textes, n'exprime qu'une circonstance accidentelle du cas réglé dans le rescrit (M. Demangeat, p. 86, note 2). Les frais des funérailles (L. 45, D., *De religiosis*) doivent aussi être payés avant la femme. Cujas pense qu'on doit encore préférer à la créance dotale celle d'un individu qui a déposé de l'argent chez un banquier, *si nummi extent*, parce que cet individu *fidem publicam secutus est* (L. 7, § 2, D., *Depositi*). Enfin les frais d'inventaire et ceux de la vente des biens du défunt passent avant toute autre créance (L. 8, *Depositi*; L. 72, *ad leg. Falc.*; D., L. 22, § 9, Cod., *De jure delib.*).

65. Du reste, le *privilegium inter personales actiones* n'était pas seulement accordé à la femme qui avait contracté un mariage valable. Il pouvait arriver qu'un mariage projeté vînt à manquer ou qu'un mariage fût déclaré nul, par exemple par défaut d'âge compétent. Dans ces deux cas, la femme n'aura pas l'action *rei uxoriæ*, à l'effet de redemander les choses qu'elle avait données pour servir de dot et qui n'ont pu devenir dotales; elle n'aura que la *condictio ob rem dati re non secuta*. Mais le privilége attaché à l'action de dot sera également attribué à cette *condictio* quand elle sera exercée par la femme, parce que le même motif d'intérêt public existe encore ici. Il faut conserver à la femme sa dot pour qu'elle puisse contracter une nouvelle union (L. 17, § 1, 18, 19, D., *De reb. auct. jud. possid.*). C'est sans doute la jurisprudence qui a, par analogie, étendu à ces cas le privilége de l'action dotale.

66. Le mariage peut encore se trouver nul dans un autre cas prévu, par la loi 22, § 13., *Solut. matrim.*, D. Une femme a épousé un esclave le croyant libre : tout ce qu'elle a remis *dotis nomine* à son prétendu mari, tout cela a été acquis au maître. Reconnaissant son erreur, la femme, puisqu'il n'y a pas de mariage, intente la *condictio sine causa* contre le maître de son prétendu mari jusqu'à concurrence du pécule de celui-ci, et à l'aide de son privilége, elle primera, sur les valeurs qui composent le pécule, les autres créanciers qui agissent comme elle *de peculio.* Mais il peut se faire que la femme se trouve en concours, non plus avec des créanciers étrangers, mais avec le maître même de son prétendu mari, qui peut prélever sur le pécule le montant de la créance dont l'esclave est débiteur envers lui et primer ainsi les créanciers privilégiés eux-mêmes. Dans ce cas, le privilége de la femme lui donnera-t-il la préférence sur le maître? Non ; c'est le maître qui a la priorité, excepté sur les choses apportées en dot par la femme et qui se retrouvent encore existantes, sur celles qui ont été achetées avec les valeurs de la dot, *ex dote comparatæ*, et même sur celles qui, apportées avec estimation, ne sont pas sorties du pécule. Il faudrait appliquer la même décision au cas où une femme, après avoir épousé un fils de famille et lui avoir livré à lui-même la dot, intenterait, à la dissolution du mariage, l'action *rei uxoriæ de peculio* contre son beau-père, car le privilége accordé à la *condictio sine causa* n'est que l'extension du privilége attaché à l'action *rei uxoriæ* dans un mariage valable. Mais nous verrons que de la décision que donne le jurisconsulte

dans la loi 22 il ne résulte pas que la femme ait un véritable droit réel sur les choses dotales.

67. Le motif du droit de préférence accordé à la femme étant un motif d'intérêt public et non d'intérêt de famille, il était naturel qu'on refusât cette faveur aux héritiers de la femme qui venaient à son défaut pour exercer ses droits. « Scire debes privilegium dotis ad heredem non transire, » disent Sévère et Antonin (L. unic., au Code, *De privilegio dotis*). Aussi le texte de la loi 13, § 3, D., *De fundo dotali*, d'après lequel l'héritier de la femme obtiendra la même protection que la femme elle-même, a trait, non pas au *privilegium*, mais au droit de la femme de tenir pour nulle l'aliénation du fonds dotal, droit qui appartient à ses héritiers quand ils peuvent exercer l'action *rei uxoriæ*.

68. Le droit de préférence que ce privilége donne à la femme et les sûretés que lui procurait la loi Julia, contre l'aliénation et l'hypothèque des immeubles dotaux, furent les seules garanties légales qui, jusqu'à Justinien, assurèrent la restitution de la dot. Mais la femme pouvait toujours, par convention, obtenir des garanties plus efficaces que celles que la loi lui offrait. Ainsi nous avons déjà vu que très-anciennement la femme pouvait se faire donner des cautions, c'est-à-dire des fidéjusseurs contre lesquels elle pourrait avoir recours à la dissolution du mariage. Des constitutions impériales qui datent de la fin du IVe siècle vinrent défendre que des fidéjusseurs ou d'autres répondants pussent être fournis à la femme par le mari pour sûreté de la restitution de sa dot, parce qu'il est absurde qu'une femme qui met sa personne et ses biens paraphernaux à la discrétion de son mari ou du père de son mari,

n'ose pas s'en reposer sur eux du soin de sa dot et ait plus de confiance dans la foi d'autrui que dans la foi conjugale. Mais cette défense, son motif le prouve, s'applique seulement au cas où la femme demanderait la sûreté *constante matrimonio*, car avant le mariage comme après sa dissolution, on peut très-bien convenir qu'un fidéjusseur assurera la restitution de la dot.

C'est l'opinion de Cujas, car, dit-il, on ne condamne cette défiance de la femme que *constante amicitia fideque communi* (*Recitat. solemn.* ad lib. 5, C., t. 20). Mais rien ne s'oppose à ce que, durant le mariage, la femme puisse se faire donner un gage ou constituer une hypothèque sur les biens de son mari et même sur les choses dotales, comme le prouve la loi 1, C., *De servo pign. dato man.* La raison de cette différence entre le gage et un fidéjusseur c'est que, comme le dit encore Cujas, « dato pignore res uxoria ponitur tantum in tuto, non etiam committitur alterius personæ fidei quam mariti ipsius.... in exigendo fidejussore est quædam coutumelia, nempe diffidentia quæ non est in exigendo pignore. » Du reste, l'hypothèque conventionnelle que la femme obtenait ainsi n'avait rien de particulier et était comme toute autre soumise à la règle *prior tempore, potior jure*. Elle prenait rang du jour de la constitution de dot, alors même qu'elle n'aurait pas été payée immédiatement ou en une seule fois. C'est qu'en effet, à partir de la constitution de dot, il ne dépendait plus de la volonté du mari de devenir ou de ne pas devenir débiteur (D., L. 1, pr. *Qui potiores*).

60. Sous l'influence d'un intérêt toujours croissant

attaché à la conservation de la dot, nous avons vu naître l'action *rei uxoriæ*, puis le privilége qui est venu l'entourer d'une garantie puissante. Pour la rendre plus efficace encore la jurisprudence l'a pour ainsi dire soustraite aux règles du droit commun, et les particularités qu'elle présente sous ce rapport méritent de nous arrêter un instant, car elles peuvent compter parmi les prérogatives accordées à la femme pour assurer la restitution de sa dot.

70. Ainsi, quand le mariage vient à se dissoudre par le divorce, et que la femme se trouve en puissance paternelle, suivant le principe que tout ce que le fils ou la fille de famille acquiert est acquis au père de famille, c'est au père seul que devrait appartenir l'action *rei uxoriæ*. Mais la faveur de la dot a fait apporter à ce principe absolu de la puissance paternelle une dérogation unique, en vertu de laquelle le père ne peut intenter l'action *rei uxoriæ* qu'en s'adjoignant la personne de sa fille, *adjecta filiæ persona*. Voilà pourquoi la dot est dite être commune au père et à la fille (L. 3, D., *Solut. matr.*), mais d'un autre côté elle est aussi appelée le patrimoine propre de la fille, « dos est ipsius filiæ proprium patrimonium » (L. 3, § 5, D. *De minor.*) parce que le père de famille, qui peut toujours retirer à son fils ou à sa fille le pécule dont il lui a donné l'administration, ne peut pas priver sa fille de la dot qu'il lui a une fois constituée.

71. Il peut même arriver que la femme seule puisse intenter l'action quoiqu'elle soit sous la puissance de son père qui a constitué la dot. C'est ce qui a lieu quand le père est absent, captif, exilé ou en démence sans

qu'il ait un curateur. On exigera seulement de la fille la promesse, garantie par fidéjusseurs, que son père ratifiera (L. 22, §§ 4 et 10, D., *Solut. matr.*). D'après la novelle 97, la femme aura encore le droit d'agir seule sur le refus du père lorsqu'il paraîtra que la dot dépasse le montant de la fortune du père.

72. Le père ne peut agir qu'avec le consentement de sa fille; mais ce consentement n'a pas besoin d'être exprès, il suffit que la fille ne contredise pas, et son silence s'interprète comme un consentement lors même qu'elle est dans l'impossibilité de manifester sa volonté (L. 2, § 2, D., *Solut. matr.*). Mais si la femme est absente, le père ne pourra agir qu'après l'avoir avertie et avoir reçu sa réponse, à moins qu'elle ne soit trop éloignée ou qu'on ignore le lieu où elle se trouve. Dans ce cas le père devra s'engager à obtenir la ratification de sa fille (L. 2, § 2, D., *Solut. matr.*). Il y a plus, on regarderait comme n'opposant aucune contradiction la femme dont le refus ne se justifierait pas par le danger de voir son père dissiper la dot qu'il aurait reçue. Mais quand ce danger existe, le simple silence peut équivaloir à un refus et ce n'est que *cognita causa* qu'on doit alors accorder l'action au père (L. 22, § 6, D., *Solut. matr.*). C'est la faveur dont jouit la dot, l'intérêt qu'il y a à ce qu'elle soit réclamée et conservée autant que le respect dû au père et l'affection du père pour sa fille qui ont inspiré ces décisions.

73. C'est au moment de la *litis contestatio* que la fille doit donner son consentement (L. 22, § 5, D., *Solut. matr.*). Et si la dot avait été payée au père sans le consentement de sa fille, celle-ci n'aurait pas perdu

son action contre le mari (L. 2, § 1, D., *Solut. matr.*), à moins que le père n'eût donné cette dot à un second mari de sa fille, ou qu'il ne l'eût instituée son héritière ou gratifiée d'un legs équivalant à la dot.

74. Si, avant d'avoir exercé l'action, le père émancipe sa fille, c'est à elle seule désormais que l'action appartiendra. Comment se fait-il que l'action, qui d'abord était au père, ait passé à sa fille sans sa volonté? C'est que l'action pas plus que la dot n'appartenait au père, mais à la fille; le père, comme dit Donneau (Com., *De jure civili*, lib. 14, cap. 6, § 25), avait seulement l'exercice de l'action, mais l'action elle-même était à la fille. Or en émancipant sa fille le père a perdu tout intérêt à voir la dot lui faire momentanément retour, puisque désormais l'obligation de doter sa fille a cessé pour lui. L'action appartient si bien à la fille qu'elle pourrait l'intenter contre son père lui-même devenu l'héritier de son mari (L. 44, pr., D., *Solut. matr.*); et si à la mort du père il y avait eu déjà *litis contestatio* et jugement rendu, l'action *judicati* passerait encore à la fille. Enfin l'action ne passe pas aux héritiers du père, mais elle appartient à la fille même exhérédée.

L'action par laquelle la femme peut répéter sa dot est donc en grande partie soustraite aux règles restrictives de la capacité juridique et aux effets ordinaires de la *capitis deminutio*. La *media capitis deminutio* n'ôte même pas à la femme l'usage de cette action pour l'avenir.

75. La dot ayant un double objet, d'une part subvenir aux charges du mariage présent et de l'autre

faciliter à la femme un second ou subséquent mariage, ne devait en principe être restituée à la femme qu'au moment où son union était dissoute par le divorce ou par le prédécès du mari. Durant le mariage, la femme ne pouvait pas la redemander. Mais ici encore la faveur dont jouissait la dot avait fait admettre une exception unique pour le cas où les dilapidations du mari ou le mauvais état de ses affaires mettaient en péril son existence ou son intégralité. Il y avait lieu alors à une répétition anticipée. Ce moyen devait être peu employé à Rome, où la femme avait la ressource beaucoup plus efficace du divorce; cependant le droit existait, car il est proclamé par quelques textes du Digeste et d'après la loi 24, D., pr., *Solut. matr.*, ce droit s'ouvrait du moment où il apparaissait très-évidemment que les facultés du mari ne suffisaient plus pour le payement de cette dot. On accordait pour cela à la femme la même action qu'elle aurait eue après la dissolution du mariage en feignant qu'un divorce était intervenu (L. 30, C., *De jure dotium*), fiction dont Justinien a supprimé la nécessité. Ces principes, développés par Justinien, donneront naissance à notre séparation de biens.

76. Si la femme n'exige pas la restitution de sa dot et que les créanciers du mari fassent vendre son patrimoine pour être payés sur le prix, la femme viendra comme créancière, mais avec le droit qui lui appartient de primer les créanciers simples chirographaires ou ayant un privilége moins favorable que le sien. Cette *venditio bonorum* comprend tous les biens du mari et par suite le fonds dotal lui-même, dont l'aliénation involontaire n'est point empêchée par la loi Julia. C'est

un nouveau cas de transmission *per universitatem*, mais qui diffère de ceux que nous avons énumérés plus haut, en ce qu'il ne laisse pas au fonds dotal son caractère d'inaliénabilité. L'*emptor bonorum* ne doit plus rien à la femme qui a dû recouvrer sa dot ou se contenter du dividende qu'elle a reçu. Notons encore que l'insolvabilité du mari restreint les pouvoirs qu'il a sur les choses dotales : ainsi le mari peut affranchir l'esclave dotal (L. 21, D., *De manum.* 40, 1); mais si son passif dépasse son actif, n'eût-il d'autres dettes à payer que la dette éventuelle de la dot qu'il a reçue, il se trouve soumis à la disposition de la loi Ælia Sentia comme tout maître qui veut affranchir son esclave *in fraudem creditorum*.

77. Non-seulement la femme, sauf le cas que nous venons d'indiquer, ne peut pas redemander sa dot pendant le mariage, mais encore, pendant cette même période, la restitution spontanée en est interdite au mari. C'est toujours le même but politique, la facilité des mariages, qui a dicté cette prohibition; on ne veut pas que la dot soit rendue à la femme pour fournir à des dépenses inutiles, aussi la restitution prématurée ne libère pas le mari parce qu'elle est nulle et défendue (L. 27, § 1, D. *De relig.*, C. 1, § 5, D. *De dot. præleg*). Il n'y avait à cette défense que quelques exceptions motivées par une *justa et honesta causa* (L. 73, § 1, D. *De jur. dot.*; L. 20, D. *Solut. matr.*).

78. On prohibe entre les époux tout pacte qui pourrait faire que la femme fût, à la dissolution du mariage, *indotata* ou *minus dotata*. (L. 12, § 1, *De pact. dotal.*); tel serait le pacte par lequel la femme convien-

drait avec son mari pendant le mariage qu'elle ne demandera pas la restitution de la dot dès l'instant où la loi lui permet de la demander. De même la femme ne pourrait, *constante matrimonio*, renoncer au privilége qui est attaché à l'action *de dote*, parce que c'est un intérêt public qui lui a fait accorder ce privilége et que « privata conventio juri publico nihil derogat. » (Sent. de Paul, liv. 1, tit. 1, § 6.) Au contraire, la femme peut renoncer aux sûretés qui sont nées pour elle d'une convention spéciale, parce que par cette renonciation elle ne viole aucun principe d'ordre public. (L. 7, § 6, *De don. inter. vir. et uxor.*, et L. 21, C., ad. S.-C. Vellei.) Par suite, si la femme concourait à la vente faite par son mari d'un bien qui lui avait été hypothéqué, elle se rendait non recevable à inquiéter le tiers acheteur. En traitant avec un mari on pouvait donc, comme chez nous, avoir grand intérêt à exiger le concours de la femme.

70. Nous avons vu par tout ce qui précède que la femme, du temps des jurisconsultes, n'avait pour réclamer sa dot qu'une action personnelle munie du privilége. Tel était en effet l'ancien droit civil. Mais ne doit-on pas admettre que le droit prétorien ou la jurisprudence avait permis à la femme, suivant les cas, d'exercer une revendication utile? C'est ce que soutiennent quelques interprètes. Nous avons déjà dit que si le mari avait aliéné le fonds dotal contrairement à la prohibition de la loi Julia, la femme avait le droit, lorsqu'elle répétait sa dot, ou d'exercer l'action en revendication que lui aurait cédée son mari ou une action en revendication utile que lui accordait le pré-

teur. Mais en dehors de ce cas, ni le préteur ni la jurisprudence n'ont jamais donné à la femme une action réelle utile pour recouvrer la propriété de sa dot. Aucun texte ne contient la preuve directe que la femme ait pu, avant Justinien, procéder par voie de revendication des choses dotales. Mais l'opinion adverse tire un argument *à fortiori* de la loi 55, D. *De donat. inter virum et ux.*: Une femme avait donné à son mari une somme d'argent avec laquelle il avait acheté des objets qui existent encore; le mari étant devenu insolvable, la femme veut révoquer la donation, et le texte porte : « Nihil prohibet etiam in rem utilem mulieri in ipsas res actionem accommodare. » Si l'on accorde la revendication à la femme quand il ne s'agit pour elle que de revenir sur une donation qu'elle a faite à son mari, *à fortiori*, dit-on, on doit lui accorder ce secours quand il y va pour elle de ne pas perdre sa dot. Mais d'abord le passage a peut-être été altéré par Tribonien; en outre, du texte même tel qu'il est, il ne résulte pas que le jurisconsulte devait, pour être logique, accorder à la femme une revendication utile des choses dotales : en effet, si Paul donne ici à la femme une action en revendication, c'est que cette action seule peut soustraire les objets réclamés par la femme aux poursuites des créanciers, tandis que pour recouvrer sa dot, la femme a, non pas une simple *condictio*, mais l'action *rei uxoriæ* munie du privilége. De plus si avec la somme donnée et que la femme aurait pu revendiquer en la supposant facilement reconnaissable, le mari a acheté certains objets, on comprend qu'on puisse les considérer comme subrogés à la somme elle-même, tandis que les choses dotales ne sont point venues prendre la place d'autres choses que la femme en principe aurait pu revendiquer. Les partisans de l'opinion contraire se fondent encore sur la loi 22, § 13, *Solut. matr.*, que nous avons expliquée plus haut et d'après laquelle la femme, agissant *de peculio*, passe avant le maître de son prétendu mari sur les choses dotales qui existent encore en nature et sur celles qui ont été achetées de l'argent dotal. Cette décision, dit-on, donne à la femme un véritable droit réel sur ces choses. Mais il suffit de lire le texte avec attention pour se convaincre que c'est en agissant par l'action *de peculio*, action personnelle, que la femme, par une raison d'équité, prime le maître sur certains objets. La loi 53, *Solut. matr.*, prouve encore que l'action employée par la femme est toujours une action personnelle *de peculio*, alors même que les choses apportées en dot existent encore dans le pécule : « Nec interest in peculio rem vel pecuniam dotalem habeat nec ne, » dit en effet cette loi. La préférence accordée à la femme sur le maître ou le père de famille, quand il s'agit de ce qui provient de la dot, se rattache à un principe posé par Ulpien dans la loi 36 *De peculio* et d'après lequel il y aurait dol de la part du père ou du maître qui prétendrait se faire payer sur les choses dotales aux dépens de la femme. C'est pour cette raison que dans la formule de l'action *de peculio* intentée contre le père du mari à qui la dot a été remise, on ajoutait ces mots : « Et si quid dolo malo patris capta fraudataque est mulier, » dont la conséquence était de faire condamner le père à la valeur des choses dotales qu'il détenait sans vouloir les restituer. Il est vrai que dans la loi 22, § 13, *Solut. matr.*, il est question non plus d'une action de bonne foi comme l'action *rei uxoriæ*, mais d'une action de droit strict, d'une *condictio* dont on ne peut modifier la formule. Mais nous avons vu que la jurisprudence avait voulu que dans l'espèce prévue par cette loi et autres semblables la femme fût aussi bien traitée que s'il y avait eu mariage et dot véritable, qu'elle lui avait par suite accordé le privilége et la protection de la loi Julia. Pourquoi sous le rapport qui nous occupe ne l'aurait-elle pas également assimilée à la femme qui a contracté un mariage valable?

Ainsi donc la femme n'avait pas, avant Justinien, d'action *in rem* utile pour recouvrer sa dot même au cas d'insolvabilité du mari.

TROISIÈME PÉRIODE.

RÉFORMES ET INNOVATIONS DE JUSTINIEN.

80. Jusqu'ici des raisons politiques ont seules provoqué le développement successif des garanties dont le législateur a entouré la dot. Nous entrons dans une phase nouvelle. A l'intérêt public qui avait inspiré la loi Julia s'est substitué peu à peu, dans le cours des siècles, l'intérêt collectif de la femme, de ses enfants et de sa famille. On avait voulu encourager les seconds mariages, le christianisme est venu les condamner et faire du célibat une vertu qu'il recommande. La dot reste toujours une institution d'ordre social, mais c'est pour elle-même que la femme est protégée ; la maxime des anciens jurisconsultes n'est plus conservée que dans sa première partie. « Reipublicæ interest mulieres dotes salvas habere » et, en vertu de ce principe absolu, Justinien, aussi exagéré dans ses faveurs que la vieille loi romaine l'avait été dans sa rigueur, accorde à la femme des priviléges exorbitants.

81. Le régime dotal, né avec la loi Julia, se complète sous Justinien qui établit l'entière inaliénabilité des immeubles dotaux, même avec le consentement de la femme. Voici ce qui amena cette réforme. En

l'an 529, Justinien avait accordé à la femme une hypothèque privilégiée sur toutes les choses apportées en dot (L. 30 C. *de jure dot.*); et l'année suivante il lui avait donné une hypothèque générale sur tous les biens du mari (L. un., § 15, C. *de rei uxor. act.*). Il semblait dès lors que la femme n'avait plus rien à craindre pour la restitution de sa dot et que l'aliénation du fonds dotal ne l'exposait à aucun danger. Mais cette aliénation ne pouvait avoir lieu sans son consentement : or, en donnant ce consentement, la femme renonçait à invoquer contre l'acheteur son hypothèque privilégiée et si le mari n'avait pas de biens ou avait ses biens grevés d'hypothèques antérieures à celle de la femme, celle-ci voyait sa dot mise en péril. Pour prévenir ce danger, Justinien en 530 décide que la femme qui ne peut renoncer directement à son hypothèque privilégiée au profit du mari, ne pourra pas non plus y renoncer au profit d'un tiers en consentant à l'aliénation du fonds dotal. L'hypothèque privilégiée devient ainsi d'intérêt public en tant qu'elle porte sur les immeubles dotaux et l'aliénation du fonds dotal est défendue au mari d'une manière aussi absolue que l'hypothèque. « Ne fragilitas sexus in perniciem substantiæ suæ convertatur. »

82. Les règles que nous avons précédemment étudiées sur l'imprescriptibilité du fonds dotal s'appliquent également dans le droit de Justinien. Nous remarquerons seulement le mot *possessio longi temporis* qui, dans la loi 16 *de fundo dotali*, a certainement remplacé le mot *usucapio* dont se servait le jurisconsulte Tryphoninus. C'est que sous Justinien la durée

de la possession exigée pour arriver à la prescription n'est plus celle de l'antique usucapion, mais celle de l'ancienne *possessio longi temporis*. Dans l'espèce prévue par la loi 16, il s'agit de la *datio in dotem* d'un fonds possédé par un tiers. Nous avons vu que dans l'ancien droit cette *datio* s'explique aisément par une mancipation ou une *cessio in jure* : mais dans le droit de Justinien la mancipation et l'*in jure cessio* ont disparu, et la femme ne peut transférer la propriété que par la tradition ; alors il faut expliquer *dedit in dote* par *dare convenit* (M. Pellat, textes sur la Dot, l. 14, *de jure dot.*), ou supposer, comme le fait Vinnius dans son commentaire sur le § 40 du T. *de divisione rerum*, que le fonds a seulement été promis en dot avec mandat donné au mari d'exercer la revendication. Si le mari laisse alors la prescription s'accomplir, il sera responsable, pourvu qu'il ait eu un temps moralement suffisant pour l'interrompre.

83. Nous avons vu que l'usucapion du fonds dotal, qui ne pouvait commencer à courir pendant le mariage, ne pouvait pas non plus commencer après le divorce ou la mort du mari tant que la femme n'avait pas obtenu la restitution effective du fonds dotal. Or voici comment Justinien s'exprime à ce sujet dans la loi 30 C. *de jure dotium* : « ..... Omnis temporalis exceptio, sive per usucapionem inducta, sive per decem sive per viginti annorum curricula, sive per triginta vel quadraginta annorum metas, sive ex alio quocumque tempore majore vel minore sit introducta, ea mulieribus ex eo tempore opponatur ex quo possint actiones movere, id est, opulentis quidem maritis

constitutis, post dissolutum matrimonium, minus autem idoneis, ex quo hoc infortunium eis illatum esse claruerit, cum constante etiam matrimonio posse mulieres contra maritorum parum idoneorum bona hypothecas suas exercere, jam nostra lege humanitatis intuitu definitum sit, ficti divortii falsa dissimulatione, in hujusmodi causa quam nostra lex amplexa est, stirpitus eruenda. » Il semble bien résulter de cette constitution que, dans le droit de Justinien, le fonds dotal redevient susceptible d'usucapion dès que le mariage est dissous ou même réputé dissous. Telle est l'interprétation que la plupart des anciens auteurs en ont donnée, et cette interprétation a passé dans le Code Napoléon, art. 1561. Mais il faut avouer qu'il serait bien étrange que Justinien, qui se montre si soucieux d'assurer aux femmes la conservation de leur dot, surtout de leurs immeubles dotaux, soit venu, sans aucune raison, diminuer une garantie qui existait dans l'ancien droit, et cela quand il laisse subsister l'inaliénabilité au profit de la femme jusqu'à la restitution effective du fonds dotal.

Aussi l'interprétation que nous avons exposée n'était pas admise par Cujas : selon lui ce n'était pas le fonds dotal qui devenait prescriptible après la dissolution du mariage mais bien l'action accordée à la femme pour la répétition de sa dot, prescription qui courait à partir du jour où la femme avait pu exercer cette action. Voici en effet comment il s'exprime sur la loi 12 pr. *de fundo dotali in lib.* 1, Papiniani *de adulteriis*. « .... Lex In Rebus non hoc docet soluto matrimonio fundum dotalem usucapi posse, sed docet actionem de dote sive repetitionem dotis excludi præscriptione temporis legitimi.... » et dans son commentaire du tit. *de jure dotium* (*Recitat. solemn. ad lib.* V, Cod.) parlant des actions qui compètent à la femme il dit : « Nisi eas actiones amiserit præscriptione constituti temporis, quod tempus merito lex constituit, ut numeretur ab eo die, quo mulieri competere cœperit persecutio rerum dotalium, id est, a die soluti matrimonii, morte vel divortio : vel etiam constante matrimonio, ab eo die, quo maritus cœperit labi facultatibus. » C'est en effet de la prescription de ces actions que Justinien semble vouloir parler. Ainsi il faut que trente ans se soient écoulés depuis le moment où la femme a pu agir en répétition de sa dot pour qu'elle ait perdu l'action personnelle ; quarante ans pour qu'on puisse lui opposer la prescription de l'action hypothécaire ; et en supposant un immeuble dotal vendu et livré par un *non dominus* à un tiers de bonne foi l'usucapion qui arrêtera la revendication de la femme n'aura pu commencer à courir au profit du possesseur qu'à partir du moment où la femme a eu la possibilité d'agir. En un mot Justinien veut dire que le point de départ de la prescription est l'instant même où il est permis à la femme de poursuivre la restitution de sa dot : mais il s'agit non pas de la prescription du fonds dotal qui pourrait courir au profit d'un tiers mais de la prescription qui peut être opposée à la femme agissant en répétition de sa dot. L'impossibilité pour les tiers de prescrire le fonds dotal dure aussi longtemps que le fonds conserve son caractère de fonds dotal, c'est-à-dire jusqu'à la restitution effective de la dot.

C'est l'opinion de M. Demangeat sur la loi 16 *de fundo dotali*.

84. Dans l'opinion qui, d'après Justinien, avait prévalu, la loi Julia ne s'appliquait pas au fonds provincial et cette restriction avait subsisté même depuis la constitution d'Antonin Caracalla. Ici encore Justinien opère une réforme en mettant sur la même ligne les fonds provinciaux et les fonds italiques.

85. Ainsi l'immeuble dotal déjà à l'abri de toute hypothèque, prescriptible dans un cas seulement, devient sous Justinien complétement inaliénable, et le régime dotal, appliqué aux fonds provinciaux comme aux fonds italiques, a reçu tout son développement et présente désormais tous les caractères que lui a empruntés notre législation moderne.

86. Cependant, si absolue que soit la défense d'hypothéquer et d'aliéner le fonds dotal, cette hypothèque et cette aliénation peuvent être validées dans certains cas, en vertu de la novelle 61. Par une constitution dont on ignore la date, Justinien avait décidé que la femme qui aurait fait un acte d'*intercessio* et l'aurait confirmé au bout de deux ans ne pourrait plus invoquer le S.-C. Velléien pour en faire prononcer la nullité. En admettant, comme nous l'avons fait, que la défense d'hypothéquer le fonds dotal dérive non pas de la loi Julia mais de l'extension donnée par la jurisprudence au S.-C. Velléien, on est forcé de reconnaître que l'hypothèque consentie par la femme sur le fonds dotal constitue simplement une *intercessio* et que dès lors, aux termes de la constitution de Justinien, la confirmation donnée à cet acte par la femme

post biennium, le rend inattaquable. Il résulte de la novelle 61 que c'était ainsi que les choses se passaient.

En effet il est dit d'abord dans cette novelle que le consentement donné par la femme à l'hypothèque ou à l'aliénation de l'immeuble compris dans la donation *propter nuptias* ne saurait empêcher l'opération d'être nulle. Cette *intercessio* de la femme n'est valable que s'il y a certitude que la femme n'en éprouvera aucun préjudice ; sinon la confirmation *post biennium* est nécessaire mais non suffisante, car elle ne peut produire d'effet qu'autant qu'il reste assez de biens au mari pour désintéresser la femme. Et le § 3 de la novelle ajoute : « Atque hæc multo magis in dote obtineant, si quædam de dote alienaverit vel pignori obligaverit : satis enim hæc jam elaborata et sancita. » Le sens de ces mots paraît bien être celui ci : Ce qui vient d'être dit de l'immeuble compris dans la donation *propter nuptias* s'applique à bien plus forte raison, *multo magis*, à l'immeuble dotal qui a déjà été l'objet de dispositions législatives nombreuses.

Il ressort donc de cette novelle que le consentement donné par la femme à la constitution d'une hypothèque sur le fonds dotal au profit d'un créancier du mari constitue une *intercessio ;* que le consentement donné par la femme à l'aliénation de l'immeuble dotal peut depuis l'an 530 être assimilé à une *intercessio ;* mais que l'*intercessio* qui consiste dans ces deux actes diffère d'une *intercessio* ordinaire en ce que sa validité ne saurait résulter seulement d'une confirmation intervenue au bout de deux ans : il faut de plus que le mari soit assez riche pour pouvoir complétement désintéresser la femme. Cette interprétation de la fin du § 3 de la novelle 61 se trouve confirmée par ce passage du Petrus (*Petri exceptiones lib.* 1, C. 34). « Si un immeuble a été donné en dot sans estimation, le mari ne peut l'aliéner sans le consentement de la femme ; mais ce consentement ne suffit pas, il faut de plus qu'au bout de deux ans la femme confirme l'aliénation et trouve dans les biens du mari de quoi se désintéresser. Il faut dire la même chose pour la donation *propter nuptias.* »

Ce texte ne parle pas d'hypothèque, mais c'est qu'il prend le mot *alienatio lato sensu,* comme comprenant les deux choses, l'aliénation et l'hypothèque. Cette interprétation est encore celle de Cujas ; voici en effet comment il s'exprime : « Si la femme a une fois consenti à l'aliénation ou à l'hypothèque du fonds dotal, ou si le mari a une fois consenti à l'hypothèque ou à l'aliénation de l'immeuble compris dans la donation *propter nuptias,* et que la femme renouvelle son consentement après deux ans, de telle sorte qu'il apparaisse clairement que c'est de plein gré, *certo animi judicio,* que primitivement elle a donné son consentement à cette hypothèque ou à cette aliénation, il faut tenir ces deux actes pour validés à la condition que les biens du mari suffisent à assurer le recouvrement de la dot de la femme. » (*Recit. solem. in lib.* 5, C. t. 13, § *pen.* et *ult.*) Ce système de la novelle 61 en ce qui touche l'hypothèque ou l'aliénation du fonds dotal n'a pas été modifié par la novelle 134, ch. 8.

D'après cette dernière, si la femme mariée intervient pour obliger sa personne ou ses biens envers une personne avec laquelle son mari contracte un emprunt, elle fait un acte que sa confirmation postérieure ne pourra rendre valable, à moins que la femme n'ait tiré profit de cet emprunt. On pourrait en tirer la conséquence que le consentement donné par la femme à l'hypothèque dont le mari grève le fonds dotal pour sûreté d'un emprunt par lui contracté, constitue un acte d'intercession qui, d'après la novelle 134, ne peut être validé par une confirmation. Mais l'hypothèque consentie par le mari, *volente uxore*, puis confirmée par la femme après deux ans, n'étant valable qu'autant que le recouvrement de la dot est assuré, on ne comprendrait pas pourquoi on devrait étendre à ce cas la disposition protectrice de la novelle 134.

Ainsi donc, sous Justinien, l'aliénation et l'hypothèque du fonds dotal peuvent, si le mari est riche, devenir valables par un nouveau consentement intervenu après deux années.

87. Jusqu'à Justinien, la femme avait eu deux actions, l'action *rei uxoriæ* et l'action *ex stipulatu* pour obtenir la restitution de sa dot. Justinien empruntant à l'une et à l'autre de ces deux actions leurs traits principaux, les réunit en une seule à laquelle il donne le nom d'action *ex stipulatu*, et cette action *ex stipulatu*, il l'accorde à la femme et à l'ascendant survivant, sans qu'aucune stipulation soit intervenue entre les parties.

L'action *rei uxoriæ* est supprimée, mais la nouvelle action *ex stipulatu* conserve quelques-uns de ses caractères. Ainsi, elle sera une action de bonne foi, c'est-à-dire qu'avec la stipulation on sous-entend la *cautio de dolo*, qui accompagnait habituellement la stipulation (M. Demangeat, cours de droit romain, t. 2, page 584). Le mari poursuivi en restitution de la dot jouira du bénéfice de compétence, pourvu qu'on n'ait pas de dol à lui reprocher. Selon Cujas, le fils commun, héritier du mari, jouira du même bénéfice, mais non un héritier externe. Nous savons d'ailleurs que ce bénéfice, *debitum reverentiæ maritali*, ne libère pas le mari du surplus de sa dette. Enfin, le mari jouira du délai d'un an pour la restitution de la dot, si elle consiste en meubles; il n'aura aucun délai si elle consiste en immeubles, distinction fort peu rationnelle imaginée pour remplacer l'ancienne distinction en objets corporels et en quantités. Si la femme n'avait pas d'autres biens que les meubles qu'elle s'était constitués en dot, selon Cujas et Accurse, le mari ou ses héritiers devraient pendant l'année pourvoir à sa subsistance.

Tels sont les emprunts faits à l'action *rei uxoriæ*. Sous d'autres rapports, c'est l'ancienne action *ex stipulatu* qui est maintenue : ainsi; la nouvelle action sera transmise aux héritiers de la femme si celle-ci meurt pendant le mariage ou après le divorce, avant d'avoir mis son mari en demeure. La nouvelle action *ex stipulatu* ne comportera aucune rétention. La rétention *ob liberos*, qui avait lieu lorsque le divorce était occasionné par la faute de la femme, permettait au mari de retenir un sixième par chaque enfant jusqu'à concurrence de la moitié de la dot; cette rétention *ob liberos* disparait par cette double raison que ce n'est pas sur la dot de la mère que doit se prendre la nourriture des enfants, et que la faute de la femme qui occasionne le divorce, est punie par la perte totale de sa dot, qu'il existe ou non des enfants.

De plus, le mari trouvera désormais dans les actions énumérées plus haut le moyen de se faire tenir compte des diverses autres rétentions qu'il opérait sur la dot. Les dépenses nécessaires faites sur la dot la diminuent de plein droit, de sorte que comme le dit Cujas « non est ex dote retentio sed quasi retentio. » A la dissolution, le mari ne doit plus que la dot diminuée. Pour recouvrer les dépenses utiles, le mari a l'action de mandat lorsqu'elles ont été faites du consentement de la femme, l'action *negotiorum gestorum* lorsqu'elles ont été faites sans ce consentement et que d'ailleurs la femme a d'autres biens pour les payer. Si le mari a fait des dépenses voluptuaires, il peut seulement enlever les objets qui peuvent se séparer du fonds et lui procurer quelque utilité. Enfin la nouvelle action *ex stipulatu* permet à la femme, contrairement à l'édit *de alterutro*, de cumuler le bénéfice de cette action avec un legs fait par le mari.

88. Cette réforme de Justinien a été appréciée de diverses manières : au point de vue de la logique il paraît bizarre d'accorder l'action *ex stipulatu* sans stipulation, et de faire d'une action de droit strict une action de bonne foi. Il est vrai qu'en même temps qu'il sous-entend la stipulation, Justinien sous-entend la *clausula doli*, et que c'est ainsi qu'il peut dire que la nouvelle action est une action de bonne foi. Quoi qu'il en soit, c'est une réforme essentiellement raisonnable

au fond, et elle a mérité d'être suivie par tous les législateurs. L'idée de l'ancien droit avait été celle-ci : la dot est une donation faite au mari qui en devient propriétaire ; mais, pour que la femme puisse se remarier, on la lui restituera. Justinien pose un autre principe : la dot est à la femme, c'est son bien et sa fortune. Pendant le mariage, le mari peut bien encore être considéré comme propriétaire, mais l'effet doit cesser avec la cause, et à la dissolution du mariage, la dot doit revenir à la femme et à ses héritiers. Les rétentions sont abolies afin d'éviter les difficultés qu'elles soulevaient. Si la dot est réellement à la femme, si elle doit lui être restituée, il n'y a aucune raison pour ne pas lui accorder en même temps que sa créance la libéralité du mari.

89. Mais l'ancienne action *ex stipulatu* n'était qu'une action personnelle qui ne donnait à la femme qu'un droit de créance. La nouvelle action sera une action hypothécaire ou une action en revendication, selon qu'on voudra dire que c'est le mari ou la femme qui est propriétaire, « sive ex naturali jure ejusdem « mulieris res esse intelligantur, sive secundum legum « subtilitatem ad mariti substantiam pervenisse vi- « deantur... » Il a paru bizarre qu'on n'ait pas précisé la nature de cette action ; mais l'action hypothécaire tend aussi à faire mettre le créancier en possession de la chose, car c'est une *vindicatio pignoris*. Seulement l'action hypothécaire peut être arrêtée par le payement, tandis que la revendication ne peut pas l'être.

90. La constitution qui a donné à la femme cette double action réelle est la loi 30 au Code *de jure dotium*.

Elle est de l'an 529 et contient la première modification apportée par Justinien à la législation en matière du droit de préférence des femmes. « In rebus dotalibus, sive mobilibus, sive immobilibus, seu se moventibus, si tamen extant, sive æstimatæ sive inæstimatæ sint, mulierem in his vindicandis omnem habere post dissolutum matrimonium prærogativam jubemus, et neminem creditorum mariti qui anteriores sunt, posse sibi potiorem causam in iis per hypothecam vindicare, cum eædem res et ab initio uxoris fuerint et naturaliter in ejus permanserint dominio..... Volumus itaque eam in rem actionem in hujusmodi rebus quasi propriis habere, et hypothecariam omnibus anteriorem possidere... »

Ce n'est donc pas une hypothèque simple mais une hypothèque privilégiée que Justinien accorde à la femme sur toutes les choses apportées en dot au mari; et, au lieu d'intenter l'action hypothécaire, la femme pourra, si elle le préfère, procéder par voie de revendication des choses dotales.

Grâce à cette hypothèque privilégiée, la femme sera préférée sur les choses dotales aux créanciers du mari, même hypothécaires et antérieurs en date, par exemple, à ceux qui, avant le mariage du mari et l'acquisition de la dot, avaient reçu de lui hypothèque de tous ses biens futurs, ce qui comprend aussi les choses qui devaient plus tard lui être constituées en dot. Ce sont les choses apportées en dot et ces choses seules que frappe l'hypothèque privilégiée, mais peu importe qu'elles aient été estimées et soient ainsi devenues définitivement la propriété du mari comme en vertu d'une vente, ou qu'elles aient été apportées sans estimation. L'hypothèque privilégiée frappe même la chose achetée par le mari *ex pecunia dotali*. Nous trouvons ainsi dans le droit nouveau une explication toute naturelle de ce fragment de Gaius l. 54 D. *de jure dotium* : « res quæ ex pecunia dotali comparatæ sunt dotales esse videntur. » Le législateur manifeste bien du reste sa pensée à cet égard dans la constitution Assiduis (l. 12 C. *qui pot. in pign.*) qui, accordant à la femme une hypothèque privilégiée sur tous les biens du mari, s'exprime ainsi : « Quum enim in personalibus actionibus..... tali privilegio utebatur res uxoria, quapropter non in hypotheca hoc mulieri etiam nunc indulgemus beneficium, licet res dotales, vel ex his aliæ comparatæ non extent? » La fin de ce passage semble bien dire que la femme avait déjà une hypothèque privilégiée non-seulement sur les choses dotales, mais encore sur les choses acquises avec l'argent dotal (M. Pellat, textes sur la dot, l. 54, p. 244).

91. D'après les termes de la constitution, l'hypothèque porte sur les meubles comme sur les immeubles, sur les animaux comme sur les êtres inanimés. Si un troupeau a été apporté en dot, l'hypothèque frappera sur lui tel qu'il se comportera à la dissolution, renouvelé et complété par le croît qui a servi à combler les vides. Si, au contraire, ce sont des animaux déterminés qui ont été apportés en dot, l'hypothèque ne peut évidemment frapper sur eux qu'autant qu'ils existent encore *in specie*, et de même pour toute chose remise en dot au mari, car l'hypothèque privilégiée suppose un objet encore existant au mo-

ment où elle peut être exercée. Tel est le sens des mots *si tamen extant* : ces mots ne peuvent évidemment pas faire allusion à une aliénation consentie par le mari, car tout créancier hypothécaire a un droit de suite contre les tiers acquéreurs. Mais rien ne s'oppose, nous l'avons déjà dit, à ce que la femme renonce en faveur d'un tiers à l'hypothèque établie pour sa sûreté, et il y aurait de sa part renonciation tacite si elle concourait à la vente faite par le mari ; elle perdrait ainsi tout droit à invoquer son hypothèque contre le tiers acheteur ou ses ayants cause.

92. La dot peut comprendre un droit de créance sur un tiers : il sera, comme toute *res dotalis*, grevée de l'hypothèque privilégiée de la femme. Comme la loi doit empêcher que le caprice du mari ne dépouille la femme de son hypothèque privilégiée, on ne doit pas permettre au mari de faire acceptilation au débiteur sans le consentement de sa femme. Mais on ne peut défendre au débiteur d'acquitter sa dette : si l'objet de ce payement est un corps certain, c'est sur lui que passera l'hypothèque privilégiée; si c'est une somme d'argent, la femme, à la différence d'un gagiste ordinaire, ne pourra pas se faire payer présentement, puisque ce serait recouvrer une partie de la dot pendant le mariage.

93. On ne voit pas d'abord quel intérêt la femme peut avoir à obtenir une hypothèque privilégiée sur son immeuble dotal. Cet immeuble ne pouvant pas être hypothéqué par le mari, il semble que le *privilegium inter personales actiones* suffisait à lui assurer la préférence sur tous les créanciers du mari. Mais c'est

qu'à côté des hypothèques conventionnelles que le mari ne peut consentir, il y a des hypothèques légales qui, indépendantes de sa volonté, peuvent frapper tous ses biens et l'immeuble dotal lui-même : telle est l'hypothèque qui grève tous les biens présents et à venir d'un homme chargé de la tutelle d'un pupille ou de la curatelle d'un mineur de vingt-cinq ans. Le mineur et le pupille primeraient donc la femme sur tous les biens du mari, sans en excepter l'immeuble dotal, si elle n'avait que le *privilegium inter personales actiones*.

94. La constitution qui a donné à la femme une hypothèque privilégiée sur les choses dotales, est de l'an 529. A cette date, le mari pouvait encore aliéner l'immeuble dotal avec le consentement de sa femme, qui renonçait ainsi tacitement à invoquer son hypothèque contre le tiers acquéreur. Ce fut précisément cette circonstance et le désir d'ôter à la femme tout moyen d'abdiquer ainsi les garanties puissantes qu'il lui conférait sur ses immeubles dotaux qui déterminèrent Justinien à décréter, en 530, l'inaliénabilité absolue du fonds dotal, *etiam volente uxore*.

Mais même après 530, l'immeuble dotal pouvait encore sortir du patrimoine du mari dans les cas exceptionnels d'aliénation nécessaire ou de transmission *per universitatem* que nous avons précédemment étudiés, et dans ces différents cas il est bien évident que la femme pouvait faire valoir son hypothèque privilégiée contre le nouveau propriétaire ou ses ayants cause.

95. Pour justifier l'hypothèque privilégiée qu'il accorde ainsi à la femme sur les choses dotales, Justi-

nien, dans la loi 30, *De jure dotium*, s'exprime ainsi : « ...Cum eædem res ab initio uxoris fuerint, et naturaliter in ejus permanserint dominio. Non enim, quod legum subtilitate transitus earum in patrimonium mariti videatur fieri, ideo rei veritas deleta vel confusa... » D'après cela, la femme serait restée propriétaire des biens dotaux, et l'ancien principe que le mari est *dominus dotis* aurait disparu. Mais un peu plus loin Justinien ajoute : « .... Sive ex naturali jure ejusdem mulieris res esse intelligatur, sive secundum legum subtilitatem ad mariti substantiam pervenisse videantur. » Ces termes montrent bien l'état d'une législation indécise qui n'ose pas rompre directement avec un ancien principe dont elle voudrait rejeter les conséquences. Aussi y a-t-il grand désaccord parmi les interprètes pour savoir si le mari est resté propriétaire de la dot sous Justinien. On peut dire qu'il est toujours propriétaire, et que la restriction mise à son droit de propriété a seulement pour but de mieux assurer l'exécution de la créance dotale que la femme a contre lui. On peut invoquer à l'appui la loi 7, § 1, *De fundo dotali*, dont l'insertion dans le Digeste serait inexplicable si le mari ne devenait pas propriétaire du fonds dotal ; comment, en effet, la servitude due à ce fonds par le fonds du mari s'éteindrait-elle par confusion ? — Peut-être aussi le vieux principe que le mari est propriétaire de la dot n'était plus dès le temps de Justinien qu'une sorte de dicton qui s'était perpétué dans le droit, mais qui sous plus d'un rapport manquait d'exactitude (M. Ortolan, *Inst.*, p. 396, t. II). Alors l'insertion de la loi 7, § 1, dans le Digeste, ne s'explique que par une inadvertance des commissaires de Justinien. Quoi qu'il en soit, Justinien semble attribuer au mari la propriété civile et à la femme la propriété naturelle de la dot, et c'est ainsi qu'il justifie l'action en revendication des choses dotales qu'il lui accorde en même temps que l'hypothèque privilégiée.

96. Dans la constitution de l'an 520, Justinien, après avoir fait une énumération des choses dotales : « In rebus dotalibus, sive mobilibus, sive immobilibus, seu se moventibus, si tamen exstant, sive æstimatæ, sive inæstimatæ sint, » accorde à la femme une hypothèque privilégiée sur toutes ces choses, puis un peu plus loin une action en revendication. Est-ce à dire que tous les objets sur lesquels frappe l'hypothèque pourront être en même temps l'objet d'une revendication?

Cela est bien impossible. En effet, prenons un à un chacun des objets compris dans l'énumération ; nous trouvons d'abord les meubles. Si à la dissolution du mariage ils se retrouvent en nature, rien ne s'oppose à ce que la femme puisse les revendiquer et les recouvrer ainsi *in specie*. Mais avant comme depuis la constitution de l'an 530, le mari a pu seul aliéner les meubles dotaux : est-ce que la femme va pouvoir aller les revendiquer aux mains du tiers acquéreur qui les a achetés d'un homme ayant le pouvoir de les vendre? C'est inadmissible. Que la femme qui n'a pas consenti à l'aliénation conserve sur eux son hypothèque privilégiée, soit : mais en payant la valeur de l'objet le tiers pourra toujours le conserver.

97. Depuis 530 l'immeuble dotal ne peut plus être aliéné même avec le consentement de la femme, mais

s'il l'avait été antérieurement à cette constitution, comment la femme pourrait-elle venir le revendiquer? Il faut en dire autant même depuis 530 d'une aliénation nécessaire qui peut, comme nous l'avons dit, laisser l'acquéreur sous le coup de l'hypothèque privilégiée, mais le met assurément à l'abri de toute revendication.

98. S'agit-il d'objets, meubles ou immeubles apportés en dot avec estimation, le mari en est devenu comme acheteur le légitime propriétaire (L. un. § 15, C. *De rei ux. act.*) et a pu les aliéner à son gré : l'acquéreur n'a rien à craindre de la revendication de la femme. La question semble plus délicate quand les choses estimées se retrouvent en nature dans le patrimoine du mari ; mais même dans ce cas il faut refuser à la femme le droit de revendiquer. Le droit de la femme, en effet, n'a plus pour objet qu'une somme d'argent en vertu de la vente qu'elle a librement consentie. Cette situation lui donne l'avantage de n'avoir pas eu à supporter les chances de perte ou de diminution de valeur, et l'on ne saurait sans injustice lui laisser la liberté de reprendre la chose estimée quand on lui offre le montant de l'estimation. Pour les choses achetées *ex pecunià dotali*, nous pensons au contraire qu'il faut les considérer comme les choses dotales elles-mêmes, dont elles ont pris la place par une sorte de subrogation réelle.

99. En résumé, l'hypothèque privilégiée existe sur toute chose dotale aliénée ou non, estimée ou livrée sans estimation. Mais pour que la femme se présente comme propriétaire et revendique, il faut que sa pro-

priété repose sur des objets existant encore en nature et dont elle ne s'est pas dépouillée par une vente faite à son mari. Nous savons du reste que cette revendication accordée à la femme constitue une innovation de Justinien et que dans le droit antérieur, ni le droit civil, ni le préteur, ni la jurisprudence n'avaient point accordé à la femme une action réelle même utile pour lui permettre de recouvrer sa dot. Elle pouvait seulement revendiquer l'immeuble dotal aliéné contrairement aux prohibitions de la loi Julia.

100. Dans cette même constitution de l'an 530, qui forme la loi un. au Code *de rei uxoriæ actione...*, Justinien accorda à la femme une nouvelle garantie que notre législation moderne devait recueillir sous le nom d'hypothèque légale de la femme mariée. En même temps qu'il sous-entendait au profit de la femme une stipulation tacite remplaçant la stipulation expresse dont l'usage était sans doute devenu général, il grevait tous les biens du mari d'une hypothèque tacite et générale, destinée à tenir lieu de l'hypothèque conventionnelle que la femme avait coutume de se faire donner sur ces mêmes biens, transformant ainsi en garanties légales les sûretés plus efficaces que la prudence des femmes empruntait au droit commun. Justinien donne lui-même la raison de cette réforme : « Ita enim et imperitia hominum et rusticitas nihil eis poterit afferre præjudicii : cum nos illis ignorantibus et nescientibus in hoc casu nostram induxerimus providentiam. » Cette hypothèque tacite porte sur tous les biens de celui qui a reçu la dot : « Sive ipsæ principales personæ dotes dederint, vel promiserint, vel

susceperint, sive aliæ pro his. » (*De rei uxor. act.* § 1.) Ainsi, si le mari était fils de famille et qu'il eût touché la dot *jussu patris*, à plus forte raison lorsque le père l'avait touchée lui-même, tous les biens de ce dernier étaient grevés de l'hypothèque tacite de la femme, car il devenait comptable, à la dissolution du mariage, de la dot qu'il avait reçue pour son fils (L. 22, § 12, *Solut. matr.*)

101. Si le père venait à mourir, le mari n'était tenu de rendre la dot qu'autant qu'il était héritier de son père. S'il était exhérédé ou qu'il refusât l'hérédité paternelle, c'est contre les héritiers de son beau-père que la femme aurait à agir. Lorsque le mari avait des cohéritiers, il rentrait dans l'office du juge de l'action *familiæ erciscundæ* de faire entrer dans le lot du mari tous les biens dotaux, afin d'éviter les recours de la femme contre les autres héritiers. Mais il ne pouvait faire sans doute que la femme ne conservât son hypothèque tacite sur les biens mis au lot des autres cohéritiers.

102. Remarquons en passant que la garantie accordée à la femme pour la restitution de sa dot sur les biens de ceux qui l'avaient reçue, était aussi donnée au mari sur les biens de ceux qui l'avaient promise. Ajoutons que cette hypothèque tacite ne garantissait pas seulement la créance dotale, mais aussi les créances paraphernales. Cette hypothèque prendra rang du jour où le mari sera devenu comptable des choses paraphernales (C., L. 11 *De pactis conventis tam super dote...*).

103. Jusqu'ici Justinien, tout en faisant beaucoup

pour la femme, n'a rien fait de contraire à l'équité. Si sur les biens dotaux la femme prime les créanciers du mari même antérieurs au mariage, ceux-ci ne sauraient s'en plaindre, car ces biens ne sont entrés dans le patrimoine du mari que *salvo jure mulieris.*

Et quant à l'hypothèque tacite qui frappe les biens de celui qui a reçu la dot, elle ne prend rang que du jour du mariage ou du jour de la tradition des objets faite avant le mariage, et son défaut de publicité est un inconvénient qui lui est commun avec toutes les autres hypothèques dans une législation qui ne connaît que des hypothèques occultes.

104. Mais Justinien ne s'arrête pas là, et par suite peut-être de certaines intrigues de palais, il met le comble aux faveurs dont il a déjà entouré la dot avec prodigalité, en publiant la loi 12 au Code *Qui potiores in pignore*, si connue sous le nom de constitution *Assiduis*. Dans cette constitution Justinien accorde aux femmes, sur tous les biens de leur mari, une hypothèque privilégiée par laquelle elles primeront tous les créanciers hypothécaires, quelle que soit la date de leur hypothèque. Il explique dans ce langage diffus qui est le propre de sa législation, que touché des plaintes des femmes mariées qui gémissent sur la perte de leur dot, il s'est convaincu que la loi ne les protégeait pas suffisamment : « Quis enim earum non misereatur propter obsequia quæ maritis præstant, propter partus periculum, et ipsam liberorum procreationem... » Autrefois, dit-il, la femme n'avait qu'une action personnelle, mais le législateur lui donnait le pas sur toutes les autres actions personnelles; pourquoi aujourd'hui l'action hypothécaire que nous lui avons donnée ne jouirait-elle pas de la même faveur parmi les actions réelles ? Et c'est en se fondant sur cette argumentation singulière qu'il transforme en hypothèque privilégiée l'hypothèque simple qu'il avait d'abord accordée.

105. Il est à peine besoin d'insister sur le caractère véritablement inique de cette réforme malheureuse qui a été unanimement réprouvée et que notre Code a cru devoir renier d'une manière formelle dans l'art. 1872. Entre le *privilegium inter personales actiones* de l'ancien droit et l'hypothèque privilégiée il y a une distance énorme, et qu'à une autre époque on ne se serait pas cru suffisamment autorisé à franchir en s'appuyant sur l'étrange raisonnement que nous connaissons. Un créancier chirographaire n'a que la garantie commune de tous les biens de son débiteur, qui d'un moment à l'autre peut les aliéner ou devenir insolvable. S'il est primé par le privilège de la femme, il doit s'imputer à faute de ne pas s'être assuré des garanties meilleures, car il pouvait exiger de son débiteur des sûretés qui l'auraient mis dans une position meilleure même que celle de la femme. Mais du moment que la femme a sur les biens de son mari une hypothèque privilégiée, toute mesure de précaution est inutile au créancier ; il a beau exiger des sûretés ou une hypothèque, quoi qu'il fasse, il sera victime d'un événement qu'il ne peut ni empêcher ni prévoir ; et en se mariant, un débiteur pourra soustraire à ses créanciers leur gage et assurer leur ruine.

106. Aussi, en présence de cette constitution *Assiduis*, il est bien difficile de s'associer aux éloges que

Cujas décerne quelque part à Tribonien, quand il dit, en parlant de lui : « Sane fuit maximus jurisconsultus. Hæc laus ei eripi non potest, idque ostendunt omnes leges quæ ab eo editæ sunt sub nomine Justiniani. Nam plenissimæ sunt eruditionis et prudentiæ legitimæ, quamobrem sum omnibus auctor, ut omnes Justiniani constitutiones perlegant, diligenterque perscrutentur. »

107. De même qu'autrefois la femme n'était pas seule à pouvoir invoquer un privilége parmi les créanciers chirographaires, dont quelques-uns la primaient, comme nous l'avons vu, de même aujourd'hui elle n'était pas seule à jouir du bénéfice d'une hypothèque privilégiée. Justinien a fixé le rang de quelques-unes de ces diverses créances privilégiées : ainsi, dans la loi 12 elle-même (*Qui potiores*, § 1), il décide que l'hypothèque d'une dot précédente primera celle de la dot actuelle. Cela résulte aussi de la novelle 91. *Nam inter duas dotes servatur ratio temporis*, dit Cujas. Le *primipilus* est un fonctionnaire chargé de faire rentrer les prestations en nature de denrées destinées à la subsistance des troupes et de les verser dans les magasins établis à cet effet sur les frontières : la femme qui a épousé un *primipilus* sera-t-elle primée par la créance du fisc contre son mari? Pour soutenir l'affirmative, on se fonde sur la loi 3, C. *De primipilo*, qui est ainsi conçue : « Utilitas publica præferendà est privatorum contractibus : et ideo si constiterit fisco satisfactum esse ob causam primipili, poteris obligatam tibi possessionem dotis titulo petere, ut satis doti fieri possit. » On conclut de ce texte que l'hypothèque du fisc

sur les biens du *primipilus* était une hypothèque privilégiée ; sans cela les empereurs Dioclétien et Maximien n'auraient pas invoqué l'*utilitas publica*, mais l'antériorité de date. On peut objecter que, dans l'espèce, le fisc était *prior tempore*, et que la femme demandait qu'il lui fût permis de se payer de sa dot sur le bien grevé à son profit d'une hypothèque spéciale : les empereurs répondent que le fisc ne peut pas ainsi, dans un intérêt privé, renoncer à son droit. Cependant Cujas, dans son commentaire sur loi 12, *Qui potiores*, admet que la femme sera primée par le fisc lorsque celui-ci sera antérieur en date. Car, dit-il, il faut appliquer à l'hypothèque tacite de la femme ce que les lois 2 Code, *De privil. fisci*, et 3 *De primipilo* appliquaient à l'hypothèque expressément stipulée, c'est-à-dire ne lui donner la préférence sur la créance du fisc qu'autant qu'elle lui est antérieure en date ; il excepte toutefois le cas suivant : un fonds a été hypothéqué à Titius, puis au fisc, puis à une femme *ex causa dotis ;* la femme sera préférée au fisc, parce que Titius exclut le fisc et que la femme exclut Titius ; quoique postérieure, la femme est préférée en vertu de la règle *si vinco vincentem te a fortiori vinco te*. Il semble bien résulter de là que le fisc n'a pas une hypothèque privilégiée, et que cependant il prime une hypothèque priviligiée qui lui est postérieure. — La femme est encore primée par un créancier qui a fourni les deniers *ad emendam militiam* (Nov. 97, ch. 4), à la condition qu'il aurait sur cette charge *militia* un droit de gage préférable à tout autre. Enfin la femme sera encore primée par l'*argentarius* pour toute somme prêtée par lui, mais en supposant une hypothèque spécialement réservée pour cet objet (Nov. 136, ch. 3). Au contraire la femme prime tous les autres créanciers, même ceux dont l'argent a servi à mettre ou à conserver la chose affectée à leur gage dans le patrimoine du mari, à moins toutefois que ces créanciers n'aient une hypothèque expresse ou une hypothèque tacite, qui soit *potior tempore*. C'est ainsi du moins que Cujas et Perezius (*ad Codicem*, l. 12, lib. 5) entendent la novelle 97, ch. 3.

108. On s'est demandé si le privilége de la femme existait seulement à l'égard des hypothèques tacites comme la sienne, ou si elle primerait aussi le créancier ayant une hypothèque expresse et antérieure en date. Les interprètes sont divisés : ainsi Donneau soutient énergiquement que c'est seulement aux créanciers qui ont reçu de la loi le bienfait d'une hypothèque tacite, par exemple au mineur dont le mari a géré la tutelle dès avant son mariage ou à la personne qui a prêté au mari de l'argent pour construire ou réparer un bâtiment, que la femme doit être préférée. Donneau invoque en faveur de son opinion les termes mêmes de la constitution qui parle des créanciers antérieurs, « qui sunt muniti temporis privilegio, » ce qui ne peut convenir aux créanciers ayant une hypothèque, non par suite d'une faveur spéciale, mais en vertu du droit commun, c'est-à-dire d'une convention expresse. C'est en vain qu'on prétendrait que si l'hypothèque elle-même ne résulte pas d'une faveur spéciale, c'est un privilége, c'est-à-dire un bienfait de la loi, et non la convention qui donne la préférence au premier créancier sur le

second. Ce serait mal raisonner, car si le premier créancier l'emporte sur le second, c'est qu'il a une action *in rem* contre tout possesseur, qu'il soit un étranger ou un créancier postérieur. Le débiteur lui-même qui a constitué l'hypothèque est tenu de cette action, à plus forte raison les créanciers qui tiennent ses droits de lui. C'est par suite de son droit d'hypothèque, c'est-à-dire de la convention que le créancier a cette action; il ne la tient pas d'un bienfait de la loi. Et ce qui prouve bien que dans cette préférence il n'y a pas un privilége, c'est qu'on a coutume de dire que le privilége s'estime, non d'après le temps, mais d'après la qualité de la créance. La pensée de Justinien se révèle dans les raisons qu'il invoque. Il dit en effet qu'en exerçant l'action hypothécaire, la femme doit être préférée aux créanciers antérieurs, parce qu'en agissant par l'action personnelle, elle jouissait déjà de ce privilége. Or il est constant qu'en exerçant l'action personnelle, la femme n'avait un droit de préférence que sur les créanciers antérieurs munis d'un privilége semblable au sien.

Donc, quand elle exerce l'action hypothécaire, elle ne doit primer que les créanciers qui tiennent comme elle leur hypothèque d'une faveur de la loi. Justinien dit encore qu'il veut achever ce que la législation antérieure avait seulement commencé; il ne veut donc pas innover. Or l'ancien droit avait commencé à préférer la femme seulement aux autres créanciers privilégiés, mais non pas à tous les créanciers et par exemple à ceux qui avaient une hypothèque expresse. Justinien achève l'œuvre en donnant à la femme la préférence sur tous les créanciers ayant un privilége, que ce soit un privilége *inter personales actiones* ou une hypothéque privilégiée. D'ailleurs dans le doute il faut pencher du côté de l'équité. *Jus vigilantibus scriptum est*, comme dit Scévola, et il n'y aurait rien de plus inique que de laisser à un débiteur le pouvoir de frustrer, en se mariant, des créanciers qui avaient exigé une hypothèque en traitant avec lui avant son mariage. Telles sont les raisons subtiles par lesquelles Donneau atténuait les désastreuses conséquences de la constitution *Assiduis*. Mais c'est l'opinion contraire, qui doit prévaloir, et il faut reconnaître que l'hypothèque tacite de la femme prime les créanciers ayant une hypothèque expresse antérieure en date. C'est l'avis de Cujas, qui tire argument de la novelle 97 : aux termes de cette novelle, le créancier dont l'argent a servi à mettre une chose dans le patrimoine du mari n'a qu'une hypothèque expresse qui lui donne le pas sur la femme seulement quand sa créance est antérieure en date à celle de la femme. Cette exception, qu'on a cru devoir formuler, prouve qu'en principe les créanciers qui ont une hypothèque expresse sont primés par la femme, quoique sa créance ait pris naissance après la leur. Cujas répond ensuite à une objection : Le fisc ne doit qu'à l'ancienneté de son rang de passer avant les créanciers qui ont une hypothèque expresse ou tacite. Le fisc n'a donc que le privilége du droit commun, c'est-à-dire celui que lui donne son rang : or la femme ne doit pas avoir plus de droit que le fisc, « cum æquis gressibus ambulent, et sibi invicem concurrant quoad effectum prælationis. » (L. 2, C. *de priv. fisci.*) Mais il est facile de répondre à cet argument : on est bien forcé d'admettre que la femme a la préférence sur les autres créanciers à hypothèques tacites, dès lors elle a nécessairement plus de droits que le fisc, qui ne prime ces hypothèques tacites que quand il a l'avantage du rang. On peut ajouter avec Perezius qu'il est difficile de restreindre la généralité des termes de la loi 12 qui porte : « Mulierem potiora jura contra omnes habere mariti creditores. » Donc contre ceux qui ont une hypothèque expresse. Si le texte parle de créanciers « vallati privilegio prioris temporis, » ces termes conviennent aussi aux créanciers qui ont une hypothèque expresse, car on peut dire qu'ils ont le privilége de la priorité ; la priorité du temps n'étant pas en règle générale une cause de préférence entre les créanciers, c'est de l'autorité de la loi que dérive la règle admise en matière d'hypothèques : *prior tempore potior jure.* On dirait vainement que la femme ne doit pas enlever un droit acquis et que la loi n'a pas coutume de retirer un avantage qui ne vient pas d'elle, car c'est la loi qui a donné ce qu'elle enlève ; le fait du créancier peut bien créer l'hypothèque, mais le droit de préférence vient de la loi.

109. La faveur particulière que Justinien accordait à la femme était limitée à la dot et ne s'étendait pas à la donation *propter nuptias* (Nov. 61 et 100), parce que le but de Justinien était d'empêcher la femme de perdre sa dot, mais non de lui ménager un gain. Cujas accorde aussi l'hypothèque privilégiée à la femme pour la restitution de ses biens paraphernaux.

110. L'hypothèque privilégiée était personnelle à

la femme et ne passait pas à ses héritiers externes (L. un., C., *De priv. dotis*). Cependant Justinien fit exception pour les descendants de la femme, innovation qu'explique le nouvel ordre d'idées qui règne dans la législation en ce qui concerne notre matière et que nous avons déjà indiqué.

111. Enfin Cujas refuse l'hypothèque privilégiée à la fiancée qui, après avoir constitué une dot, n'a pas vu se réaliser son mariage, ou à la femme dont le mariage est nul pour défaut d'âge compétent. Perezius (ad Cod., lib 5. t. 12, § 22) est d'un avis contraire ; selon lui il y a même raison d'accorder dans ce cas l'hypothèque privilégiée, à moins que la femme n'ait su que le mariage qu'elle contractait était nul.

Enfin, dans la novelle 109, Justinien refuse aux femmes hérétiques le bénéfice de l'hypothèque privilégiée ; il suffisait toutefois qu'elles se fussent converties au moment où elles invoquaient le privilége.

112. Nous savons que dans l'ancien droit la femme, dont le mari penchait vers sa ruine, pouvait redemander sa dot. Seulement, pour ne pas violer ouvertement le principe que le mari est propriétaire de la dot tant que dure le mariage, on prenait un de ces détours familiers au génie romain, on simulait un divorce, et la femme obtenait une *actio utilis quasi facto divortio* pour se faire restituer sa dot. Ce n'est pas le Digeste, mais le Code de Justinien, qui, dans la loi 30, *De jure dotium*, nous fournit des renseignements à cet égard.

113. Justinien fait de la règle ancienne une application particulière dans la loi 29, *De jure dotium*. Une femme avait stipulé une hypothèque pour garantie de sa dot, de la donation *ante nuptias* et de ses paraphernaux. Il s'agit d'une hypothèque conventionnelle, car nous sommes en 528, et la femme n'a pas encore d'autre droit de préférence que le privilége de l'ancien droit. Son mari étant sur le point de tomber en déconfiture, elle se présente pour exercer les droits que lui confère son hypothèque ; mais les créanciers du mari, quoique postérieurs à la femme, s'opposent à l'exercice de son action, sous prétexte que le mariage n'étant pas dissous, son droit n'est pas encore ouvert. Consulté par la femme, l'empereur répond que l'insolvabilité du mari permet à la femme, *adhuc constituto matrimonio*, d'intenter l'action hypothécaire contre les tiers détenteurs qui n'ont pas un droit préférable au sien sur les objets que le mari a pu lui affecter, comme cela lui serait permis : « Si matrimonium eo modo dissolutum esset quo dotis et ante nuptias donationis exactio ei competere poterat. » Mais l'empereur ajoute que la femme ne pourra, tant que durera le mariage, aliéner aucune des choses qui seront mises en sa possession : seulement elle en emploiera les revenus à son entretien et à celui de sa famille : « Ita tamen ut eadem mulier nullam habeat licentiam eas res alienandi vivente marito et matrimonio inter eos constituto : sed fructibus earum ad sustentationem, tam sui quam mariti, filiorumque, si quos habet, abutatur. »

Cela ne change rien, du reste, aux droits du mari, de la femme et des autres créanciers, tels qu'ils se révéleront à la dissolution du mariage. Ainsi la femme qui a une hypothèque conventionnelle, au lieu de pouvoir faire vendre les biens affectés à sa garantie, a seulement le droit de prendre possession de ces biens pour en employer les revenus à son usage et à celui de sa famille. Les créanciers hypothécaires postérieurs ne pourront, tant que durera le mariage, user du *jus offerendæ pecuniæ*. Le but du législateur est de préserver la femme contre le danger de perdre une dot qui lui serait prématurément restituée.

114. Mais l'année suivante, en 529, Justinien donne à la femme mariée une hypothèque privilégiée sur toutes les choses dotales, en même temps qu'il lui permet d'agir par voie de revendication. L'effet de cette hypothèque tacite donnée à la femme sera le même que celui de l'hypothèque conventionnelle; mais comme elle porte, non plus sur les biens du mari, mais sur les biens dotaux, la femme va rentrer en possession de sa dot. Les conditions mises par la loi 29 à l'exercice de l'action hypothécaire ne sont pas changées, et il en résulte que la femme, recouvrant la possession de sa dot, ne pourra point l'aliéner et devra en employer les revenus à son entretien et à celui de ses enfants. Voilà précisément notre séparation de biens, avec son point de départ, les charges qu'elle impose à la femme, les incapacités qu'elle laisse subsister. C'est dans cette législation de Justinien que le droit moderne ira la puiser.

115. Dans la loi 30, C., *De jure dotium*, Justinien proclame d'une manière générale le droit pour la femme de poursuivre la restitution de sa dot dès que le mari est en déconfiture, en supprimant seulement l'ancienne fiction qui consistait à supposer qu'un divorce était intervenu.

116. Ainsi, dans le droit de Justinien, après la restitution anticipée de la dot amenée par le mauvais état des affaires du mari, l'inaliénabilité des immeubles dotaux subsiste. La défense d'aliéner et d'hypothéquer s'adresse alors à la femme elle-même ; ce n'est plus contre son mari, c'est contre elle-même qu'on la protége. Mais l'imprescriptibilité disparaît : toutefois la prescription acquisitive ne commence à courir que du jour où la dot a été effectivement restituée, tandis, que la prescription des actions qui compètent à la femme pour redemander sa dot a pour point de départ le moment même où le mariage est réputé dissous.

117. Dans l'ancien droit la femme ne pouvait pas renoncer à son privilége *inter personales actiones*, qui avait été introduit dans un intérêt d'ordre public. Il résulte de la loi un., C., *De rei ux. act.*, § 15, que l'hypothèque privilégiée sur les immeubles dotaux apportés sans estimation est aussi d'intérêt public et que toute renonciation de la part de la femme en est interdite. C'est ainsi, nous l'avons vu, que Justinien fut amené à proclamer l'inaliénabilité absolue du fonds dotal. Mais dans ce même § 15, *De rei ux. act.*, Justinien confirme la constitution d'Anastase (L. 21, C., *ad S.-C. Vellei.*), qui reconnaît aux femmes la faculté de renoncer à leurs hypothèques : ainsi la femme pourra renoncer à l'hypothèque qu'elle a sur les biens de son mari et aussi à l'hypothèque privilégiée qui lui a été donnée sur les immeubles apportés en dot avec estimation. — Mais Justinien ne parle pas de l'hypothèque privilégiée qui porte sur les meubles dotaux ; on peut donc soutenir que la femme n'y pourra pas

renoncer et invoquer à l'appui, d'abord la généralité du motif que Justinien donne de sa décision, *ne et consensu mulieris hypothecæ ejus minuantur*, puis cette règle souvent répétée, *causa dotis pacto deterior fieri non potest*, et enfin l'analogie qui existe entre l'hypothèque privilégiée de Justinien et l'antique *privilegium*, auquel nous savons que dans l'ancien droit la femme ne pouvait renoncer. Mais ces arguments n'ont aucune valeur, puisque c'est seulement sur le *fundus non æstimatus* que le droit de la femme doit rester intact; *a contrario*, dans tous les autres cas, son intégrité peut souffrir quelque atteinte. La raison que donne Justinien, *ne et consensu mulieris hypothecæ ejus minuantur*, au moment même où il confirme la constitution d'Anastase, perd toute espèce de force par sa trop grande généralité; et si la femme peut renoncer à son hypothèque privilégiée sur les immeubles apportés en dot avec estimation, cas où la dot consiste *in pecunia*, pourquoi ne pourrait-elle pas également y renoncer quand il s'agit d'objets mobiliers estimés ou non?

118. Ainsi c'est seulement au point de vue de sa dot immobilière que la garantie de la femme est complète. Elle est inaliénable, imprescriptible, et l'hypothèque privilégiée dont elle est grevée est la seule à laquelle la femme ne puisse pas renoncer.

119. Tels sont les progrès et les transformations successives de la législation en ce qui concerne les garanties qui protégent la dot. A l'origine, c'est la confusion définitive du patrimoine de la femme avec celui du mari. La multiplicité des divorces rend cette situation de plus en plus choquante et conduit à la dis-

tinction des deux patrimoines : l'usage se répand de stipuler la restitution de la dot, et bientôt naît l'action *rei uxoriæ*. L'intérêt de la république qui a peur de manquer de citoyens élève la dot au rang d'une institution d'ordre public. On édicte la loi Julia, *De adulteriis*, et le *privilegium inter personales actiones* entoure la femme d'une nouvelle protection. Peu à peu l'esprit du christianisme inspire la législation, les seconds mariages ne sont plus en honneur, et dans la conservation de la dot, l'intérêt de la femme et de la famille se substitue à l'intérêt de l'État. Les anciennes garanties qui assuraient la restitution de la dot paraissent insuffisantes à Justinien, qui s'attache à les augmenter. En 529, il donne à la femme, sur toutes les choses apportées en dot, une hypothèque privilégiée et une action en revendication, et cette première réforme le conduit à proclamer l'année suivante l'inaliénabilité absolue du fonds dotal. Dans cette même année 530, il grève tous les biens du mari d'une hypothèque tacite au profit de sa femme et il complète cet ensemble de mesures déjà si respectables par la constitution *Assiduis* qui change cette hypothèque tacite en hypothèque privilégiée. Cette constitution valut à l'empereur le surnom d'Uxorius, et jamais surnom ne fut mieux mérité.

DROIT FRANÇAIS.

DES DROITS DES CRÉANCIERS DE LA FEMME MARIÉE SOUS LE RÉGIME DE LA COMMUNAUTÉ SOIT LÉGALE SOIT CONVENTIONNELLE.

1. L'art. 1124 énumérant les incapables s'exprime ainsi : « Les incapables de contracter sont : les mineurs, — les interdits, — les femmes mariées dans les cas exprimés par la loi. »

Ces derniers mots montrent bien que l'incapacité de la femme mariée n'a pas le caractère absolu que présente l'incapacité des mineurs et surtout des interdits. Et la raison en est simple : cette femme qui, tout à l'heure encore, en sa qualité de fille majeure, était pleinement capable, n'a pas pu voir ses facultés intellectuelles s'altérer tout à coup par le seul fait du mariage. D'où vient donc cette soudaine incapacité ? Elle vient de l'état de dépendance plus ou moins grande où la femme s'est volontairement placée vis-à-vis de celui qu'elle s'est donné pour protecteur et même pour maître : ce terme rigoureux est légalement exact, car selon l'art. 213, « le mari doit protection à sa femme, la femme obéissance à son mari. » Le pouvoir du mari, la puissance maritale, voilà la principale cause de l'incapacité de la femme mariée : ce n'est pas la seule. La loi a considéré qu'en se donnant un protecteur sur qui elle pût se reposer du soin de ses intérêts de tout genre, la femme devenait, par la désuétude, véritablement inhabile à veiller à ses propres affaires. A l'idée de subordination envers le mari se mêle ainsi dans la loi une idée d'incapacité réelle, et c'est pour cela que, contrairement à l'ancien droit, l'autorisation du mari mineur n'est plus jugée offrir à la femme une suffisante protection.

2. Sauf ce cas assez rare de minorité, le mari donnant son consentement exprès, c'est-à-dire écrit (MM. Demol. 4, 193; Marcadé, art. 217, 4; Valette, à son cours. — *Contra*, Aub. et Rau, 4, § 472, n° 7, note 55), à l'acte que la femme veut faire, ou concourant avec elle à cet acte et l'autorisant ainsi tacitement, la relève complétement de son incapacité et l'habilite à faire tous les actes, fût-ce même un contrat à passer directement avec lui et dans son intérêt, si, d'ailleurs, il n'est pas du nombre de ceux que la loi défend entre époux (M. Demol., 4, 232 et 230, *Revue critique*, 1852, p. 327).

Dépourvue, au contraire, de cette autorisation, la femme ne fait qu'un acte nul, que le tiers son cocontractant doit respecter sans doute parce que ce n'est pas lui que la loi a voulu protéger, mais que le mari comme la femme peut faire tomber, la femme en invoquant son incapacité, le mari, son autorité méconnue.

3. Mais il peut arriver que le mari soit absent, interdit, pourvu d'un conseil judiciaire (Demol., 4, 226; Aub. et Rau, 4, p. 130, note 40), ou, pour quelque autre cause, dans l'impossibilité de manifester sa volonté; qu'il soit frappé d'une condamnation emportant peine afflictive ou infamante, ou bien encore en état de minorité. Dans ces cas divers la situation de la femme eût été intolérable, on le comprend, si rien n'avait pu suppléer une autorisation que le mari ne peut donner. En dehors de ces cas, il peut se faire aussi que le mari, sans motifs légitimes, refuse de consentir à un acte qui offre pour la femme des avantages divers, et la loi ne devait pas soumettre la femme sans appel aux caprices despotiques de son mari.

De là le recours à la justice qui, après avoir constaté l'état du mari, après l'avoir entendu lui-même et apprécié ses raisons, pourra, sauf quelques cas très-rares (MM. Demol., 4, 247, 248; Aub. et Rau, 4, p. 133, note 49), accorder à la femme une autorisation dont le refus ne se justifierait pas.

4. Toutefois de ces deux autorisations, du mari ou de la justice, il ne résultera pas toujours pour la femme une égale capacité. Le but, en effet, serait dépassé si, pour donner à la femme un légitime secours, la justice pouvait porter atteinte aux droits que les conventions matrimoniales confèrent au mari. Le régime de mariage adopté par les époux pourra donc, même à l'égard de ses biens propres, limiter plus

ou moins les pouvoirs de la femme autorisée de justice, tandis que l'autorisation du mari aura parfois la force d'étendre sa capacité au delà de ses biens personnels. Aussi il importe également aux tiers qui traitent avec la femme de savoir si c'est de son mari ou de la justice qu'émane l'autorisation qui la rend habile à contracter, et de connaître le régime matrimonial sous lequel se sont placés les époux.

5. Cette influence qu'exercent sur la capacité de la femme ses conventions matrimoniales deviendrait pour les tiers l'occasion de continuelles surprises, si la volonté des époux suffisait pour modifier ces conventions. La loi y a pourvu, et pour parer au danger, elle a voulu que le règlement des intérêts pécuniaires des époux fût consigné dans un acte notarié qui assurât sa fixité dès avant la célébration du mariage, sans qu'il fût permis d'y apporter ensuite le moindre changement. A ces deux principes de fixité et d'immutabilité du régime adopté, la loi du 10 juillet 1850 est venue en ajouter un troisième, celui d'une sage publicité, nouvelle et précieuse garantie donnée aux tiers contre les fraudes d'une femme protégée par le régime dotal.

6. Mais avant de se placer par le mariage sous cette dépendance du mari qui crée son incapacité, la femme pouvait être majeure et jouir, comme telle, du plein exercice de ses droits. Si à cette époque elle a contracté des engagements, ses créanciers vont-ils avoir à souffrir de la situation nouvelle où se place volontairement leur débitrice? Rien assurément ne serait plus injuste : aussi toutes les fois qu'avant le

mariage les créanciers avaient un droit certain, nous verrons parfois leur position améliorée, mais jamais aggravée. Et si pour ceux qui ne peuvent prouver l'antériorité de leur droit, nous sommes forcés de décider autrement, c'est uniquement par crainte de fraudes, qu'il faut à tout prix éviter, sous peine de rendre illusoires la puissance maritale et l'incapacité de la femme qui en dérive.

7. Nous aurons donc à distinguer les créanciers de la femme ayant des droits antérieurs au mariage de ceux qui auront traité avec la femme pendant qu'elle était soumise à la puissance de son mari.

Puis la dissolution du mariage amènera la fin du régime qui en est l'accessoire. *Mors omnia jura solvit.* Désormais, avec les pouvoirs du mari aura disparu l'incapacité de la femme, redevenue pleinement maîtresse de ses droits. Sans opérer un changement si complet, certaines circonstances pourront relâcher les liens du mariage ou au moins apporter au régime matrimonial des époux de graves modifications dont les effets rejailliront sur l'incapacité de la femme pour la diminuer sans la supprimer entièrement. Ces divers événements ne seront pas sans une grande influence sur les droits des créanciers de la femme.

8. Par suite, en étudiant le régime de la communauté légale et ses principales modifications, nous aurons à considérer deux époques : la première qui durera autant que le régime lui-même, l'autre, qui suivra la fin du régime ou la dissolution du mariage. Nous aurons à distinguer deux classes de créanciers, suivant qu'ils auront traité avec la femme avant le ma-

riage ou pendant sa durée, et à rechercher quels sont les droits qui leur appartiennent et les biens qui sont leur gage, soit tant que subsiste le mariage ou le régime primitif, soit lorsque arrive la dissolution de l'un ou la cessation de l'autre.

PREMIÈRE PARTIE.

COMMUNAUTÉ LÉGALE.

I.

DROITS DES CRÉANCIERS DE LA FEMME TANT QUE DURE LA COMMUNAUTÉ.

9. La communauté légale est le régime de droit commun, celui qui régit l'association conjugale de tous ceux qui se sont mariés sans contrat.

10. Tant que dure la communauté on peut distinguer, réunis sous l'administration du mari, trois patrimoines divers : les biens propres du mari, les biens propres de la femme et la communauté, la masse commune, sorte de société entre les époux, dont l'actif est formé de tout ou presque tout le mobilier, de l'usufruit des biens restés propres aux époux et des immeubles achetés en commun.

11. Il importe toutefois de remarquer que cette communauté, cette société entre les époux n'est pas une personne morale. Il ne suffit pas que la loi donne un nom à un intérêt collectif pour qu'il en résulte une personnalité juridique; ce nom n'est souvent, comme ici, qu'une formule de langage pour exprimer l'idée

d'intérêts collectifs opposés à des intérêts individuels. Pour qu'une personne morale existe, il faut que la loi l'ait formellement reconnue et consacrée, et c'est avec raison qu'on soutient que les sociétés civiles ordinaires ne sont pas des personnes morales (Aub. et Rau 3, § 377, note 14; *Contrà*, Troplong, 1, 308 et suiv.). On nous oppose des textes qui supposent que la communauté a des biens, des créances, des obligations; mais par ce mot *communauté* la loi entend simplement les époux en tant que communs en biens. Tel était, du reste, l'ancien droit, et c'est lui que le Code a voulu reproduire. Cette question présente de l'intérêt, car si la communauté était une personne morale, les créanciers de la communauté auraient sur la part de communauté qui revient à la femme à la dissolution un droit de préférence à faire valoir contre les créanciers personnels de celle-ci (Aub. et Rau 4. § 508, n° 8. note 43; *Contrà*, Troplong, 3, 1766).

12. Mais en rejetant la personnalité juridique de la communauté, il faut se garder d'une exagération contraire et ne pas dire, comme certains auteurs, que la femme, durant le mariage, n'a aucun droit sur le fonds social et qu'elle ne devient commune que quand la communauté a cessé d'exister; *non est socia sed speratur fore* (Pothier, *Introd. au tit.* 10 *de la cout. d'Orléans*, n° 1). Si durant la communauté les pouvoirs du mari comme chef paralysent les droits de la femme, celle-ci n'en est pas moins copropriétaire des biens communs, mais un copropriétaire qui a fait démission momentanée de ses droits aux mains de son coassocié par un mandat presque illimité et irrévocable.

13. Ainsi, biens propres d'un côté, et de l'autre, copropriété des biens de la communauté, tel est l'ensemble du patrimoine de la femme qui, aux termes de l'art. 2093, semblerait devoir être le gage de ses créanciers. Mais par suite de ces mêmes pouvoirs donnés au mari sur les biens de la communauté, le gage des créanciers de la femme pourra se trouver réduit à la nue propriété de ses biens propres, tandis que dans d'autres circonstances les créanciers pourront exercer leurs poursuites, non-seulement sur la pleine propriété des propres de la femme, mais encore sur les biens de la communauté et sur ceux du mari toujours tenu, dès que la communauté est engagée.

14. Examinons d'abord quels seront les droits des créanciers de la femme ayant traité avec elle avant la célébration du mariage. Nous passerons ensuite aux dettes contractées pendant le mariage.

DETTES ANTÉRIEURES AU MARIAGE.

15. L'art. 1409-1° distingue les dettes antérieures au mariage en dettes mobilières et en dettes immobilières, pour faire tomber les premières seules dans la communauté. Cette distinction, qui correspond à la distribution des meubles et des immeubles au point de vue actif, s'explique par cette raison pratique que la communauté étant le régime des gens qui se marient sans contrat, on ne pouvait, faute de base, établir une proportion plus rationelle entre son actif et son passif.

Il résulte de là, par *a contrario*, que les dettes immobilières doivent rester à la charge personnelle du conjoint.

16. Les dettes immobilières sont devenues rares aujourd'hui depuis que les rentes ont cessé d'être immeubles et que la vente est devenue translative de propriété : on peut citer l'obligation de conférer une servitude ou une hypothèque sur son immeuble, celle de restituer un immeuble acheté, quand le vendeur a été lésé de plus de sept douzièmes, celle de livrer un immeuble indéterminé, tant d'arpents à prendre dans le meilleur canton du pays. De même avant le mariage un époux avait vendu un immeuble, mais ne l'avait pas encore livré; l'époux vendeur est débiteur de la livraison de l'immeuble, c'est une dette immobilière (M. Duverger, à son cours).

17. Au contraire, lorsque la dette a pour objet une chose mobilière, *cum tendit ad quid mobile*, elle est mobilière et tombe dans la communauté. Ainsi, pour ne parler que de quelques cas qui pourraient faire doute, sont mobilières les dettes de sommes d'argent, alors même qu'elles seraient garanties par une hypothèque; l'obligation d'exécuter un bail fait par la femme avant son mariage; les obligations accessoires à la délivrance d'un immeuble soit pour fruits perçus, soit pour retard dans la livraison (Aubry et Rau, 4, § 508; *Contra*, Pont et Rodière, 1, n° 537); l'obligation de garantir l'éviction d'un immeuble (Aubry et Rau, *loc. cit.*, *Contra*, Pont et Rodière, *loc. cit.*). Dans tous ces cas, en effet, la dette est en définitive d'une somme d'argent. Telle est encore l'obligation

d'accomplir un fait qui pour le créancier constituerait un immeuble comme une maison, et en général toute obligation de faire ou de ne pas faire autre que celle ayant pour objet l'établissement d'un droit réel sur un immeuble que l'on possède. Dans tous ces cas, l'obligation se résout en dommages-intérêts, qui sont une charge de la communauté.

18. Enfin, si la dette était partie immobilière et partie mobilière, elle serait commune pour une partie, personnelle pour l'autre. Quant à la dette alternative ayant pour objet une chose mobilière et une chose immobilière, c'est le payement qui déterminera sa nature, que le choix soit au créancier ou au débiteur. Il en serait autrement d'une dette facultative dont la nature est fixée *à priori* par la qualité mobilière ou immobilière de son objet.

19. Mais les droits des créanciers de la femme ne diffèrent pas seulement suivant que sa dette est mobilière ou immobilière; pour que la nature de la dette influe sur le droit du créancier, il faut tout d'abord que sa créance ait une date certaine antérieure au mariage. Sans cette exigence de la loi, rien n'eût été plus facile, on le comprend, que d'échapper à l'autorité maritale: il eût suffi à la femme d'antidater ses actes pour se soustraire à son incapacité, et le seul moyen pour le mari de se prémunir contre une situation si fâcheuse, c'eût été de n'épouser jamais qu'une femme mineure. L'art. 1410 a eu pour objet de parer à ce danger autant qu'il était possible en décidant que si l'obligation mobilière ou immobilière ne remontait pas, à n'en pouvoir douter, avant le mariage, le créancier de la

femme n'aurait action que sur la nue propriété des biens propres de celle-ci.

20. L'art. 1410 fait ainsi à notre matière l'application des règles tracées au titre des Contrats ou obligations conventionnelles en général sur la foi due aux actes sous seing privé. Entre les parties, l'acte sous seing privé, reconnu ou tenu pour reconnu, fait foi de tout ce qu'il contient et même de sa date (art. 1322); au contraire il ne fait foi de sa date à l'égard des tiers que quand elle est certaine (art. 1328). Ici la communauté est véritablement un tiers dans le sens de l'art. 1328, et l'acte souscrit par la femme ne lui est opposable que quand cet acte a une date certaine antérieure à l'époque où elle est devenue l'ayant cause de la femme. Au contraire, l'acte de la femme, quand son écriture n'est pas déniée ou est vérifiée, fait preuve contre elle de la date aussi bien que du contenu.

21. Il résulte de là que, même pendant le mariage, il sera toujours possible à la femme d'engager la nue propriété de ses biens personnels sans autorisation de son mari, et cela par une simple antidate. C'est là une fraude qu'on ne pouvait éviter qu'en sacrifiant complétement, tant que durerait la communauté, le droit du créancier imprudent qui n'aurait pas pris soin de se faire donner date certaine avant le mariage. Le remède eût dépassé le mal, d'autant plus que d'une part les droits du mari sont sauvegardés puisqu'on respectera sa jouissance, et que, d'autre part, la femme aura toujours le droit de faire annuler l'acte qu'elle aura ainsi souscrit en état d'incapacité ; seulement ce sera à elle

qu'incombera la preuve de l'antidate. Le même droit appartiendra du reste au mari.

22. Le défaut de date certaine avant le mariage a donc pour effet de limiter le droit de poursuite des créanciers de la femme à la nue propriété de ses biens. Par application de cette idée, on a jugé que si la femme s'était réservé de toucher, sur ses seules quittances, une certaine somme pour son entretien personnel, ses créanciers sans date certaine avant le mariage ne pourraient la saisir, par la raison que l'entretien de la femme retomberait, par suite de cette saisie, à la charge de la communauté (Cass., 9 août 1820, aff. de Polard). Toutefois, prise à la lettre, la règle de l'art. 1410 serait trop absolue et conduirait à des résultats contraires à l'équité : pour l'interpréter sainement, il faut la mettre en harmonie avec les principes généraux de la loi sur la preuve des obligations. Il faut donc reconnaître que si la femme a des dettes dont la preuve littérale n'est pas exigée parce qu'il a été impossible au créancier de se procurer une preuve écrite, le créancier pourra faire cette preuve contre la communauté. Telle serait une dette née d'un délit, d'un quasi-délit, d'un quasi-contrat ou de la loi (art. 1548). De même encore il faudrait admettre à prouver de toute manière contre la communauté, le créancier dont la créance serait inférieure à 150 fr. ; sans doute le danger que la loi veut prévenir existe aussi pour des obligations inférieures à 150 fr., que la femme pourrait multiplier et élever ainsi à un chiffre considérable ; le créancier aurait certainement pu se mettre en garde contre les conséquences du mariage de sa débitrice,

qu'il pouvait prévoir. Néanmoins la règle de l'art. 1410 doit ici encore fléchir devant celle de l'art. 1341 ; il était impossible, en effet, pour des sommes si modiques, d'exiger de tout créancier qui traiterait avec une fille ou une veuve une preuve écrite et enregistrée. Il faut même aller plus loin, et permettre au créancier qui réclame plus de 150 fr. de faire sa preuve par témoins lorsqu'il a un commencement de preuve par écrit (Marcadé, 1409-1410, 3; Pont et Rodière, 1, 529).

23. Mais il peut arriver qu'une dette inférieure à 150 fr. soit constatée par un écrit qui n'a pas date certaine; le créancier pourra-t-il alors prouver par témoins que son droit est antérieur au mariage? Si ce créancier n'avait qu'un commencement de preuve par écrit, nous venons de dire qu'il pourrait faire preuve par témoins et de l'obligation et de la date; il serait étrange qu'il ne le pût pas alors qu'il a une preuve écrite et complète. Il est vrai que la loi n'a dit nulle part que l'on pourrait faire la preuve de la date par témoins, mais c'est que la loi, en fixant les règles sur la date certaine, ne se préoccupait que du cas où l'écrit était indispensable. A défaut d'écrit, la preuve testimoniale prouverait non-seulement la convention elle-même, mais encore son antériorité au mariage; pourquoi donc ne pourrait-elle pas prouver l'une de ces deux choses seulement? — On pourrait objecter que l'art. 1341 défend de prouver outre et contre le contenu aux actes; mais prouver outre et contre le contenu aux actes, c'est ajouter ou retrancher quelque chose à l'acte : or ici on veut seulement donner de la certitude à une mention de l'acte, on ne prouve ni outre ni contre.

24. L'art. 1410 n'indique que deux cas où l'acte sous seing privé aura date certaine, l'enregistrement et le décès de l'une des personnes qui l'auront souscrit : il faut compléter cet article par l'art. 1328, qui est le siége de la matière, et ajouter un troisième cas, celui où l'acte a été relaté dans un acte authentique antérieur au mariage. Mais la plupart des auteurs pensent qu'il faut s'arrêter là et ne pas permettre aux tribunaux, comme le faisait l'ancien droit, de déclarer, en dehors des cas de l'art. 1328, que les faits sont assez graves et assez concluants pour reconnaître l'antériorité des dettes de la femme (1). Néanmoins, la règle de l'art. 1410 devrait encore souffrir exception quand la femme, marchande publique avant son mariage, a contracté en cette qualité des dettes commerciales. Pour ces dettes, en effet, nous n'avons plus les restrictions que l'art. 1341 apporte à la preuve des obligations en droit civil ; l'art. 109 C. com. permet au contraire de les prouver de toutes manières, et les mêmes éléments qui peuvent servir à établir leur existence doivent aussi pouvoir en fixer la date (Troplong, 2, 778 ; Aub. et Rau., § 508).

25. Remarquons d'ailleurs que ce que la loi exige, c'est une date certaine antérieure au mariage, et non pas, comme l'enseignent quelques auteurs, une date certaine antérieure au contrat de mariage, dans le cas où il y en a un. En effet, même après le contrat et jusqu'à la célébration, la femme reste pleinement ca-

(1) La cour de Paris vient récemment de juger le contraire (Voir la *Gazette des tribunaux* du 18 juill. 1860).

pable, et c'est d'après l'état du patrimoine des époux au moment de la célébration que se règlent l'actif et le passif de la communauté. Il faut, bien entendu réserver le cas d'obligations contractées dans le but de préjudicier au mari en modifiant les conventions matrimoniales. Ce serait au mari à prouver la fraude.

26. Revenons à la distinction en dettes mobilières et dettes immobilières, et supposons que ces dettes étaient constatées par acte authentique ou par acte sous seing privé ayant date certaine avant le mariage, ou que nous sommes dans l'un des cas où il y a exception à l'art. 1410, et voyons quels seront les droits des créanciers de la femme.

27. Si la dette est immobilière, le créancier n'a point la communauté pour débitrice, il ne peut que s'adresser à la femme, mais il peut la poursuivre sur la pleine propriété de ses biens personnels, lors même que sur la demande en condamnation formée par son créancier, la femme n'aurait procédé qu'avec l'autorisation de la justice. Sans doute la femme a aliéné à la communauté la jouissance de ses biens, mais cette aliénation ne peut nuire à ses créanciers, auxquels on ne peut reprocher aucune négligence

Si au contraire la dette est mobilière, le créancier a pour débitrice non-seulement la femme, mais encore la communauté et par voie de conséquence le mari ; il pourrait actionner le mari seul, mais il a intérêt, pour obtenir hypothèque sur les biens de la femme, de l'actionner conjointement avec son mari. Il peut aussi poursuivre le payement de sa créance sur les biens propres de la femme, sur la masse commune et même sur les biens personnels du mari. D'où la maxime ancienne : « Qui épouse le corps, épouse les dettes. » Néanmoins il peut arriver par exception qu'une dette mobilière n'entre pas dans le passif de la communauté et ne puisse être poursuivie que contre la femme seule ; telle serait une dette mobilière de choses ne tombant pas dans la communauté. L'exemple que donne Potier (*De la communauté*, n° 240) est celui d'une dette résultant de la vente que la femme aurait faite avant son mariage d'arbres encore debout sur son héritage lors de son mariage ; c'est là une dette mobilière, car la femme ne doit donner ces arbres qu'après qu'ils auront été abattus et qu'ils seront par conséquent devenus meubles : néanmoins, comme ces arbres proviennent durant le mariage d'un héritage propre, ils appartiennent au conjoint à qui est le propre et non à la communauté ; la femme seule peut donc être poursuivie. Si la dette était tout à la fois immobilière et mobilière, le créancier pourrait poursuivre la femme seule pour une partie, la femme, la communauté et le mari pour l'autre. Si la dette était alternative et avait pour objet un meuble et un immeuble, le créancier qui aurait le choix pourrait s'adresser à la femme seule ou à la communauté, selon qu'il choisirait l'objet immobilier ou l'objet mobilier. Si la dette était facultive, mais ayant un immeuble pour objet, le créancier ne pourrait poursuivre que la femme : telle serait l'obligation de payer au vendeur lésé le supplément du juste prix, si la convention de payer cette somme supplémentaire était postérieure au mariage. En effet, au jour de la célébration, la dette avait pour objet, non une somme d'argent, mais la restitution de l'immeuble, et par suite se trouvait être une dette immobilière quand a commencé la communauté.

28. Ces dettes pourraient être poursuivies contre la femme par la voie de la contrainte par corps, si la femme s'y trouvait légalement soumise.

Si ces créanciers antérieurs au mariage avaient contre la femme un titre exécutoire, par le fait seul du mariage ce titre deviendrait exécutoire contre la communauté, et partant contre le mari. Toutefois, pour prévenir toute surprise contre le mari, il paraît juste d'appliquer ici par analogie l'art. 877, et de décider que les créanciers ne pourront poursuivre l'exécution que huit jours après la signification du titre exécutoire à la personne ou au domicile du mari. Mais ces créanciers n'ont aucun droit de préférence à faire valoir contre les créanciers de la communauté.

29. Du principe que les dettes mobilières des époux antérieures au mariage tombent dans la communauté, il résulte que si, avant le mariage, la femme était débitrice envers le mari d'une dette mobilière, la communauté recueillant la créance du chef du mari et la dette du chef de la femme, cette dette serait éteinte par confusion.

DETTES CONTRACTÉES PAR LA FEMME PENDANT LE MARIAGE.

30. Nous voici en présence de la femme soumise à la puissance maritale et rendue par le mariage incapable de s'obliger. Sous le régime de la communauté,

où le mari a l'administration de tous les biens, cette incapacité de la femme est complète; sans autorisation, la femme ne peut faire aucun contrat (art. 217 et suiv.). Cette nécessité de l'autorisation ne doit pas être restreinte aux seuls contrats; elle existe encore pour tout quasi-contrat qui naît d'un fait personnel de la femme. Au contraire, que l'engagement dérive du fait personnel d'un tiers ou d'un fait personnel de la femme constituant un délit ou un quasi-délit, la femme sera obligée sans qu'aucune autorisation soit intervenue, et il en serait de même du cas où l'obligation résulterait de l'autorité seule de la loi (art. 1370). Occupons-nous d'abord des contrats.

I. Obligations naissant de contrats.

31. La femme peut obliger son mari et la communauté sans s'obliger elle-même. C'est ce qui a lieu quand elle contracte comme mandataire de son mari; les créanciers avec qui elle a traité ne peuvent poursuivre leur payement sur ses biens personnels (art. 1420). Déjà à ce point de vue, il importe de distinguer soigneusement le mandat de l'autorisation, mais il existe entre eux une autre différence. L'autorisation a pour objet d'habiliter la femme à traiter sur ses biens propres, à agir en son propre nom; le mandat ne peut concerner que les biens de la communauté ou du mari, ou encore l'administration des biens de la femme, car c'est à tort que l'art. 223 présente le pouvoir donné à la femme d'administrer ses biens comme

une question d'autorisation : ce n'est qu'une question de mandat puisque, par le contrat de mariage, cette administration appartient au mari. La femme alors agit, non plus en son nom, mais comme fondée de pouvoir du mari. Mais tandis qu'aux termes des art. 223 et 1538 l'autorisation, sauf le cas où la femme est marchande publique, ne peut être que spéciale, c'est-à-dire donnée pour chaque affaire et avec examen des conditions de cette affaire, il suffit que le mandat soit exprès, et alors il pourrait avoir pour objet de conférer à la femme le droit d'aliéner et d'hypothéquer tous les biens de la communauté ou tous les biens personnels du mari, car un pareil mandat est exprès et spécial dans le sens des art. 1987 et 1988, il n'est relatif en effet qu'à une affaire ou à certaines affaires seulement (Demol., 4, 203 et suiv.).

32. La femme pourrait être aussi le mandataire légal de son mari ; c'est le cas où elle serait tutrice de son mari interdit. C'est par les principes de la tutelle ordinaire que sa capacité et ses pouvoirs doivent alors être réglés, et elle n'aura besoin d'aucune autorisation pour faire les actes qu'un tuteur pourrait faire seul, c'est-à-dire les actes d'administration relatifs aux biens du mari, à ceux de la communauté et à ses biens personnels. Dans ce cas encore, c'est au nom du mari et non en son nom que la femme agit, et elle oblige la communauté sans s'obliger elle-même : l'art. 1420 doit s'appliquer.

33. Le mandat que le mari donne à sa femme n'est pas toujours exprès : il est le plus souvent tacite, notamment lorsqu'il s'agit de faire les dépenses néces-

saires aux besoins du ménage et à l'entretien de la famille. C'est même pour ce cas spécial que paraît avoir été fait l'art. 1420, qui ne fait du reste que reproduire l'ancienne jurisprudence et qui sans cela aurait peu d'utilité en présence des principes certains du mandat. C'est au mari, chef de la communauté, à pourvoir aux besoins de toute la famille (art. 214), mais c'est à la femme que doivent être laissés les détails intérieurs du ménage, et le droit de contracter les menues dépenses qu'ils nécessitent chaque jour. Cela est tellement dans l'ordre des choses que le législateur ne pouvait exiger que la femme, pour chacune de ces obligations si multiples, fût pourvue d'un mandat formel de son mari. Bien que contractées par la femme, ces dettes sont donc exclusivement des dettes de communauté dont la femme n'est pas personnellement tenue.

34. La circonstance que les époux vivent l'un et l'autre dans des domiciles séparés ne saurait modifier la règle et décharger le mari de l'obligation de payer les dettes contractées par la femme pour son entretien et celui de ses enfants si la séparation des époux est volontaire ou si elle n'a lieu que parce que le mari refuse de recevoir sa femme au domicile conjugal. Que si au contraire la séparation provenait de la résistance de la femme contre le gré du mari, celle-ci ne pourrait plus invoquer le bénéfice d'une situation en dehors de laquelle elle s'est volontairement placée, et la bonne foi des tiers ne saurait alors priver le mari du moyen qu'il a de forcer la femme à réintégrer le domicile conjugal. Mais en dehors de ce cas, le mari ne pourrait s'affranchir de l'obligation de payer les dettes

contractées par la femme pour les besoins du ménage, ni en justifiant qu'il lui a toujours donné de l'argent pour subvenir à ces besoins, ni en prouvant qu'il était absent au moment où les fournitures ont été faites.

35. Il va sans dire qu'il faut toujours réserver le cas de fraude comme aussi celui où les dépenses de la femme seraient excessives eu égard à la fortune et à la condition des époux : le mari serait alors admis à faire annuler les conventions des marchands avec sa femme ou au moins à les faire réduire.

36. Du reste, le mari pourrait faire cesser la présomption de mandat donné à sa femme pour contracter ces dettes ; mais le seul moyen sûr, c'est une défense directement et individuellement adressée aux fournisseurs de faire crédit à sa femme. Tout autre avertissement donné, par exemple, par la voie des journaux pourrait être insuffisant. C'est là, d'ailleurs, une question de fait.

37. Lorsque, par un motif quelconque, le mari s'est fait décharger en tout ou en partie des obligations de sa femme envers ses fournisseurs, ceux-ci n'ont point pour cela d'action contre la femme, à moins que, vivant loin de son mari, elle n'ait employé des manœuvres frauduleuses pour leur cacher sa qualité de femme mariée, ou bien encore que les fournitures à elle faites n'aient tourné à son profit.

38. Jusqu'ici, la femme n'agissait pas dans un intérêt qui lui fût propre, et les tiers, avec qui elle contractait, ne voyaient derrière elle que son mari,

dont celle-ci n'était que l'instrument. C'est maintenant la femme qui va traiter en son nom de manière à se porter partie elle-même et à s'obliger sur ses biens. Elle ne le peut qu'avec l'autorisation de son mari (art. 217 et suiv.).

39. Nous avons dit déjà que l'autorisation du mari doit être spéciale dans un sens bien plus rigoureux que lorsqu'il s'agit de la spécialité du mandat d'aliéner. Nous savons aussi que cette autorisation peut être expresse ou tacite, et que dans le premier cas elle doit être donnée par écrit; du reste, l'aveu du mari ou son refus de prêter le serment qu'on peut lui déférer serait une preuve suffisante que son consentement avait été accordé. Ce consentement peut être donné par acte sous seing privé, alors même que l'acte juridique, pour lequel il faut habiliter la femme, doit être constaté par acte authentique. Cela tient encore à la différence du mandat et de l'autorisation nécessaire seulement pour compléter la capacité de la femme sans être un des éléments de la forme de l'acte (Aub. et Rau, 4, p. 135, 136; Demol., 4, 194). Quant à l'autorisation tacite, elle résulte du concours du mari dans l'acte, ou encore de faits qui établiraient d'une manière certaine la participation du mari à l'acte et sa volonté de l'approuver. Il n'y a d'exception que pour le cas où la femme serait marchande publique. Le mari peut autoriser sa femme par l'entremise d'un mandataire, mais comme la puissance maritale, inhérente à la personne du mari, ne saurait être par lui déléguée à un tiers, l'autorisation ainsi donnée ne saurait concerner qu'une certaine affaire spéciale dont

le mari aurait d'avance déterminé toutes les conditions. Enfin, l'autorisation peut intervenir avant l'acte ou dans l'acte lui-même, mais la ratification postérieure du mari ne saurait mettre les tiers qui ont traité avec la femme non autorisée à l'abri de l'action en nullité qui appartient à celle-ci (Demol., 4, 211; Valette sur Proudhon, 1, p. 467, note *b*).

40. Autorisée de son mari, la femme jouit de la même capacité que si elle était fille ou veuve, et tous ses biens deviennent pour la jouissance comme pour la nue propriété le gage de ses créanciers. Mais là ne s'arrête pas le droit de ces derniers, auxquels l'art. 1419 accorde la plus favorable de toutes les positions, puisqu'elle leur donne encore action sur les biens du mari. Si l'on avait suivi les principes généraux, on aurait appliqué la maxime : « Qui auctor est non se obligat, » et le mari, en autorisant sa femme, ne se serait pas trouvé personnellement obligé. Il y a donc là une dérogation au droit commun dont il faut rechercher les motifs : ils me paraissent être de deux sortes. La loi a craint d'un côté que le mari n'usât de son influence sur la femme pour lui faire contracter seule des obligations qui l'intéresseraient lui et la communauté, et rejeter ainsi sur la femme des engagements dont la charge devait tomber sur lui. Et d'un autre côté, les tiers, ayant devant eux le mari et la femme, pouvaient facilement croire que l'affaire les concernait tous les deux ou leur communauté et suivre la foi de l'un et de l'autre. L'art. 1419 est donc fondé sur cette présomption que l'acte consenti par la femme a eu pour cause l'intérêt personnel du mari ou au moins l'intérêt

commun, présomption qui n'est qu'une mesure de protection pour la femme et pour les tiers.

41. Mais s'il devient tout à fait évident que l'acte ne peut concerner que la femme, qu'elle seule y est intéressée, la présomption de l'art. 1419 doit tomber avec les motifs qui l'ont fait admettre; aussi tout le monde aujourd'hui reconnaît que l'art. 1413 fait exception à l'art. 1419. Il s'agit, dans cet art. 1413, du cas où la femme a accepté une succession purement immobilière avec l'autorisation de son mari. Les créanciers de cette succession, devenus créanciers personnels de la femme par suite de son acceptation, peuvent poursuivre le payement de leurs créances sur les biens de la succession et sur les biens de la femme sans réserver la jouissance de la communauté, à laquelle le mari, en donnant son autorisation, a implicitement renoncé en leur faveur. Là s'arrêtent leurs droits, et ils ne sauraient invoquer 1419 pour se dire aussi créanciers de la communauté et du mari, puisqu'il est bien évident que l'affaire ne le concerne pas.

42. Mais l'art. 1413 est-il la seule exception au principe de l'art. 1419? Sur ce point, trois opinions sont en présence. Une première opinion généralisant l'art. 1413 n'y voit que l'application d'une autre règle parallèle à celle de l'art. 1419, d'après laquelle, quand il serait évident que l'affaire est personnelle à la femme, que les tiers n'ont pu s'y méprendre, l'art. 1419 cesserait de s'appliquer pour laisser la maxime *qui auctor est non se obligat* reprendre tout son empire. Ainsi le mari pourrait autoriser sa femme à vendre son im-

meuble propre, à constituer une dot en argent ou en immeubles à un enfant d'un premier lit, à faire marché pour la réparation d'une construction à elle propre, à s'engager à payer le supplément du juste prix quand elle est menacée d'une action en rescision pour lésion à propos d'un immeuble à elle appartenant ; dans tous ces cas les créanciers de la femme n'auraient pour gage que la pleine propriété de ses biens. (Troplong, 2, 846).

43. La seconde opinion, sans admettre cette autre règle générale contraire à celle de 1419, reconnaît cependant dans l'art. 1432 une seconde exception à 1419. Elle s'accorde avec l'opinion précédente pour tirer de cet art. 1432 un argument *a contrario* et pour dire que si le mari n'a fait qu'autoriser sa femme à vendre son immeuble propre, sans se porter garant lui-même, il ne peut être tenu de l'obligation de garantie (Aub. et Rau, 4, § 509, n° 6, note 34 ; Rodière et Pont, 1, 580 ; Demol., 4. 310).

44. Nous nous rangeons à un troisième système qui n'admet qu'une seule exception à 1419, celle de l'art. 1413. Nous pouvons en effet remarquer qu'il y a dans l'art. 1413 une raison particulière d'y voir une exception à 1419, c'est que là les tiers n'ont pas traité avec la femme, ils sont restés étrangers à l'acceptation. L'art. 1432 n'a trait qu'à une question de récompense ; ce serait donc au moins un cas douteux. Si 1432 faisait exception à 1419, on serait forcé d'aller plus loin et de se ranger à la première opinion, car l'art. 1432 ne fait pas l'exception, il la présupposerait seulement, et s'il y a là une exception présupposée, il faut l'ad-

mettre dans tous les cas même non prévus par la loi. Mais il y a une raison de justice à ne pas généraliser ainsi l'art. 1413 : toutes les dettes contractées par le mari tombent dans la communauté : pourquoi, quand la femme est autorisée du mari, ne pourrait-elle pas aussi obliger la communauté? Il y a là une idée de réciprocité bien équitable. Dans le cas de l'art. 1413, la femme n'a pas besoin de crédit, et d'ailleurs les créanciers héréditaires doivent encore s'estimer heureux de voir leur gage augmenté de toute la fortune de la femme. Celle-ci, dans ce cas, n'a pas même à souhaiter que la communauté soit obligée. (MM. Valette et Duverger, à leurs cours ; Rouen, 27 mai 1854, Dev., 55. 2. 17.)

45. L'autorisation du mari peut être tacite. En principe, cette autorisation tacite ne peut résulter que du concours ou de la participation du mari à l'acte : par exception, il en est autrement quand la femme est marchande publique. Il suffit qu'elle fasse le commerce au vu et su de son mari pour qu'elle oblige son mari quand il y a communauté entre eux (art. 220). Cela est bien naturel, car les bénéfices réalisés par la femme sont destinés à grossir l'actif de la communauté ; il est donc juste que le mari, auquel ces bénéfices doivent profiter, participe aux engagements de sa femme et supporte sa part des dettes. C'est une question de fait que celle de savoir si le mari a connu et par suite autorisé le commerce que fait sa femme ; les tiers seraient d'ailleurs admis à en faire la preuve par témoins. Mais il faut, pour qu'elle soit marchande publique, que la femme fasse un commerce séparé, dis-

tinct, mais non différent de celui du mari, et que d'ailleurs elle fasse de ce commerce sa profession habituelle (art. 1 C. com.). Sa capacité est alors si étendue (art. 220 C. Nap., 5 et 7 C. com.), qu'on peut la réputer non mariée pour tous les actes relatifs à son commerce. Dans ce but, en effet, elle peut s'obliger, aliéner et hypothéquer ses immeubles sans aucune autorisation. Néanmoins il ne faudrait pas aller jusqu'à lui permettre de contracter une société commerciale avec un tiers, ni de cautionner la dette même commerciale d'un autre commerçant, de mettre, par exemple, un aval sur une lettre de change, parce que cela n'a pas directement trait à son négoce. Mais sur des droits relatifs à ce négoce, la femme peut transiger, car elle en peut disposer,

46. Toutefois il ne faut pas oublier que c'est pour ses affaires commerciales seules que la femme jouit de cette si grande capacité. Est-ce au tiers qui a traité avec la femme à justifier que l'acte concerne le commerce de celle-ci, ou à celui qui attaque l'acte à établir le contraire? Il ne saurait d'abord y avoir de doute pour les actes qui sont commerciaux par leur nature, comme des lettres de change ou des billets à ordre. Mais alors même que l'acte a une forme civile, et qu'il ne contient aucune déclaration de la femme que c'est pour son commerce, la présomption doit être en faveur des tiers toutes les fois qu'ils auront pu sérieusement croire que l'affaire concernait le négoce de la femme (A. et Rau, 4, p. 134; Demol., 4, 300 à 302).

47. Si, au lieu de faire du commerce sa profession

habituelle, la femme ne faisait que des actes de commerce isolés, il lui faudrait pour chacun d'eux l'autorisation spéciale de son mari ; mais quand elle a reçu l'autorisation générale, expresse ou tacite, d'être marchande publique, elle peut se livrer à toute espèce de commerce ; cependant, si elle ne se livrait publiquement qu'à une branche spéciale de commerce, elle ne serait capable, sans autorisation, que pour les actes relatifs à ce négoce particulier.

48. De toutes ces dettes ainsi contractées par la femme avec son autorisation, le mari est tenu pour le total ; mais si l'obligation, comme dans le cas où la femme est marchande publique, pouvait entraîner contre elle la contrainte par corps, le mari n'y serait pas soumis. Pothier est d'un avis contraire ; mais aujourd'hui l'art. 2065 décide que la contrainte par corps ne peut être prononcée que dans les cas où la loi l'autorise. Or aucune loi ne la prononce, en pareil cas, contre le mari.

49. Il n'est pas sans intérêt de rechercher si, lorsque les dettes contractées par la femme tombent dans la communauté, c'est le mari qui est tenu parce que la communauté est obligée, ou à l'inverse, si la communauté n'est tenue que parce que le mari est obligé. L'intérêt se présente surtout à la dissolution du mariage, quand il s'agit de savoir si, après le partage de la communauté, c'est encore pour le tout ou pour moitié seulement que le mari peut être poursuivi à l'occasion de ces mêmes dettes. Aussi nous nous réservons d'examiner alors la question. Cependant,

même durant le mariage, elle peut s'élever, par exemple dans le cas suivant : Une femme s'est obligée solidairement avec son mari, et celui-ci tombe en faillite ; il obtient un concordat, est remis à la tête de ses affaires, et sa communauté redevient florissante. Ayant payé la somme du concordat, civilement le mari ne doit plus rien aux créanciers. Cependant ceux-ci, voulant revenir contre la communauté, prétendent, en invoquant l'art. 1419, que la communauté est tenue du chef de la femme, qui, elle, n'a pas obtenu de concordat. Si l'on décidait que c'est parce que le mari est obligé que la communauté est tenue, on dirait que, le mari étant libéré, la communauté ne peut plus être poursuivie. Cependant même en admettant, comme je le crois préférable, que c'est la communauté qui est obligée et, par suite, le mari qui est tenu, on peut encore repousser la prétention des créanciers. En effet, si les créanciers pouvaient poursuivre la communauté, ils pourraient aussi poursuivre le mari toujours tenu quand la communauté est obligée, et pourtant il faut bien que le concordat profite au mari. C'est qu'en réalité ce que le concordat a libéré, c'est le mari et la communauté par là même, qu'elle soit tenue du chef du mari ou de la femme, car la masse de la faillite a compris dans son actif tous les biens de la communauté. Comprise ainsi dans cette masse de la faillite, la communauté ne peut être tenue deux fois. Seulement les créanciers peuvent encore poursuivre la femme qui, elle, n'a pas obtenu de concordat. (Paris, 21 juin 1855, Dev. 55. 2. 394 ; 18 octobre 1854 et 25 janvier 1855, Dev. 55. 2. 81 ; jug.

du trib. civil de la Seine, V. le *Droit* du 8 avril 1866; *Revue critique*, 1856, p. 3.)

50. Parlant de la femme autorisée de son mari pour contracter, il nous reste à examiner le cas où la femme s'oblige conjointement ou solidairement avec son mari (art. 1431). Aux termes de cet article, la femme qui s'oblige solidairement avec son mari pour les affaires de la communauté ou du mari, n'est réputée, à l'égard de celui-ci, s'être obligée que comme caution : mais cela n'est vrai qu'à l'égard du mari seul.

A l'égard du créancier, la solidarité produit son effet, le créancier a pour gage les biens de la femme comme ceux de la communauté et du mari; il peut agir contre la femme sans que celle-ci puisse lui opposer soit le bénéfice de division, art. 1203, soit le bénéfice de discussion, 2021. De même cette présomption que l'art. 1431 crée en faveur de la femme ne saurait être opposée par elle à un codébiteur qui s'étant obligé solidairement avec elle et son mari et ayant payé la dette, exercerait contre elle son recours. Mais pour quelle part de la dette le codébiteur pourra-t-il exercer ce recours, soit contre le mari, soit contre la femme? Pour la moitié de la dette, si c'est pour moitié que la communauté était intéressée dans l'affaire, car il n'y a en présence que deux débiteurs, le tiers et la communauté, dont le mari et la femme sont envers lui les deux garants entre lesquels il peut choisir; c'est d'ailleurs une question d'interprétation de convention (Cass., 29 nov. 1827, Sir., 28, 1, 169; M. Duverger, à son cours. *Contra*, Marcadé, 1431, 2). Si au lieu de s'obliger solidairement avec son mari, la femme ne s'était obligée avec lui que conjointement, le créancier ne pourrait poursuivre la femme que pour la moitié de la dette, mais il pourrait demander le tout au mari. Cela résulte par *a contrario* de l'art. 1487, sur lequel nous aurons occasion de revenir. Il est des cas toutefois où le mari et la femme, en contractant conjointement, ne seront tenus que chacun pour moitié de la dette et dans une égale proportion. Tel est le cas où les deux époux mariés en communauté dotent conjointement un enfant commun, art. 1438. Cette constitution de dot est considérée comme une donation personnelle faite par chacun d'eux ; la mère doit en payer la moitié sur ses biens personnels, et elle est tenue sur ces mêmes biens à la garantie. Si les époux, dotant conjointement, avaient stipulé que la dot serait imputable en tout ou en partie sur la succession du prémourant, tant que durerait le mariage, l'enfant doté aurait action pour moitié contre le mari et pour moitié contre la femme. Si, quand arrive le prédécès de l'un d'eux, la dot n'a pas encore été payée, l'enfant doté n'a plus d'action que contre la succession du prémourant, et fût-elle insuffisante, il ne pourrait recourir contre l'autre conjoint.

51. Nous venons de voir la femme relevée complétement de son incapacité grâce à l'autorisation de son mari ; mais, comme nous l'avons dit déjà, cette autorisation, le mari peut la refuser sans motifs ou se trouver dans l'impossibilité de la donner. C'est dans ces deux cas que la justice devra intervenir pour tempérer en faveur de la femme la puissance maritale.

52. L'absence du mari, l'état d'indignité où le place une condamnation à une peine afflictive et infamante pendant qu'elle dure ou tant qu'elle n'est pas prescrite si la condamnation est par contumace, la minorité du mari, art. 524, son interdiction, art. 222, sa faiblesse d'esprit ou sa prodigalité, quand elles ont exigé la nomination d'un conseil judiciaire, voilà autant de circonstances qui mettent le mari dans l'impossibilité de donner à la femme son autorisation, et rendent nécessaire l'autorisation de justice. Mais nous savons déjà que cette autorisation n'est pas nécessaire à la femme pour l'habiliter à contracter soit avec un tiers dans l'intérêt de son mari, soit directement avec son mari lui-même, lorsqu'il s'agit d'un contrat qui n'est pas défendu entre époux.

53. Toutefois, l'autorisation de justice ne peut pas toujours remplacer celle du mari. Ainsi la justice ne peut rendre la femme capable soit de compromettre, soit d'accepter une exécution testamentaire, art. 1029, quand elle est mariée en communauté. Mais le juge peut-il autoriser la femme à faire le commerce? C'est là une question des plus controversées. La négative me paraît devoir être admise en présence des art. 4 et 5 C. com. combinés avec les art. 218 et suivants C. Nap. Du texte de ces articles il semble bien résulter que le mari seul peut ici autoriser la femme, et la loi paraît avoir eu de bonnes raisons pour le décider ainsi : le juge en effet appréciera bien si la femme peut, sans inconvénient, passer un acte isolé, mais, pour faire le commerce, il faut des aptitudes particulières, et le juge ne sait pas si la femme les possède.

Et puis la femme commerçante devient contraignable par corps, elle peut tomber en faillite; il serait bien dur que le mari eût à subir ces conséquences si graves d'une situation qu'il n'aurait pas lui-même autorisée. Mais d'un autre côté si le mari est absent ou incapable et que la femme soit sans ressources, n'est-ce pas la réduire à la misère que de lui refuser de gagner, par le commerce, sa vie et celle de ses enfants ? Il eût été bon que la loi, pour ce cas spécial, admît une exception, comme aussi pour le cas où la femme serait séparée de biens et surtout de corps et de biens (Aub. et Rau, 4, p. 134; Demol., 4, 248).

54. Enfin l'autorisation de justice comme celle du mari doit être spéciale, et malgré les arguments puissants que peut invoquer l'opinion contraire, je crois qu'elle doit précéder l'acte et ne peut, en intervenant postérieurement, consolider cet acte et enlever au mari, c'est-à-dire à un tiers, l'action en nullité qui lui appartient. Sous ces deux rapports l'autorisation de justice ressemble à celle du mari, mais elle en diffère au point de vue de la capacité qu'elle confère à la femme. Elle ne doit pas en effet préjudicier au mari, dont les biens comme ceux de la communauté seront à l'abri de la poursuite des créanciers de la femme, qui n'auront action que sur la nue propriété des propres de celle-ci et devront respecter la communauté jusque dans la jouissance à laquelle elle a droit. L'exception que la fin de l'art. 1426 semble faire à cette règle n'en est pas une; si la femme marchande publique engage la communauté, c'est qu'elle a été autorisée de son mari car si l'on reconnaissait à la jus-

tice le droit d'autoriser la femme à faire le commerce, il faudrait décider qu'elle ne peut alors, par ses actes commerciaux, obliger ni le mari ni la communauté. Tout au plus les créanciers de la femme pourraient avoir contre la communauté une action *de in rem verso* jusqu'à concurrence du profit que les bénéfices de la femme auraient pu lui procurer.

55. Mais de même que nous avons vu dans l'art. 1413 une exception au principe que la femme, en contractant avec l'autorisation de son mari, obligeait ses biens, ceux du mari et de la communauté, de même nous allons trouver dans l'art. 1427 des exceptions à la règle qu'en s'engageant avec l'autorisation de justice, la femme n'oblige ni son mari ni la communauté. L'art 1427 ne cite que deux cas qui feraient exception, mais cet article n'est pas limitatif, ce n'est qu'une application d'une règle plus générale écrite dans l'art. 112 C. nap., d'après lequel, « s'il y a nécessité de pourvoir à l'administration de tout ou partie des biens laissés par une personne présumée absente, et qui n'a point de procureur fondé, il y sera statué par le tribunal de première instance, sur la demande des parties intéressées. » La justice qui peut donner à un étranger le mandat d'agir dans l'intérêt du mari absent quand la nécessité le commande, peut assurément confier ce mandat à la femme et lui permettre d'obliger la communauté.

Reprenons les deux cas prévus par l'art. 1427.

1° La femme autorisée de justice s'oblige et oblige la communauté pour tirer son mari de prison. Pour remplir ce devoir, la femme, dans l'ancien droit, pouvait s'obliger sans aucune autorisation (Pothier, *Tr. de la puis. du mari*, nos 35 et suiv.). Le Code exige l'autorisation de justice, mais il s'en contente sans distinguer si la femme est majeure ou mineure, car le conseil de famille ne pourrait pour cet objet refuser son autorisation, et non-seulement la femme pourrait s'obliger, emprunter pour tirer son mari de prison, mais elle pourrait même à cet effet aliéner et hypothéquer les immeubles de la communauté (argument tiré de l'art. 1558). Tout se passe dans ce cas au regard des créanciers comme si le mari lui-même avait autorisé. Il n'y a pas à rechercher pour quelle cause le mari est en prison, que ce soit pour défaut de payement d'une amende, des frais d'un procès criminel ou correctionnel, d'une dette civile, ou même que prisonnier de guerre il ait à payer sa rançon. Bien que la loi dise pour *tirer* son mari de prison, il paraît raisonnable de permettre à la justice d'autoriser la femme à engager la communauté pour prévenir cet emprisonnement, quoique cela puisse être contesté. De plus on admet généralement que l'art. 1427 serait encore applicable au cas où ce serait la femme elle-même qui serait incarcérée pour dettes et qui, sur le refus du mari, serait autorisée de justice à contracter pour se tirer de prison. Cela ne fait pas doute pour la femme marchande publique : l'autorisation générale qu'elle a reçue lui permet de faire toute convention ayant trait à son négoce; or nous la supposons emprisonnée pour dettes commerciales. Mais la femme ne pourrait s'obliger ni engager les biens de la communauté pour tirer de prison un enfant né du mariage ; elle n'a pas l'exercice de la puissance paternelle.

56. 2° Le second cas prévu par l'art. 1427 est celui où la femme, en l'absence du mari, s'oblige pour l'établissement des enfants communs. Cette disposition est très-générale, elle comprend tous les descendants et tous les genres d'établissement. C'est que la communauté a pour objet de pourvoir à l'établissement des enfants. Si au lieu d'être absent, le mari était interdit, il faudrait alors appliquer l'art. 511, et pour doter ou établir l'enfant, il faudrait un avis du conseil de famille homologué par le tribunal, sur les conclusions du procureur impérial.

57. Nous avons dit que l'interdiction du mari était un des cas où la femme devait s'adresser à la justice pour être relevée de son incapacité (art. 222). Mais il peut arriver que la femme soit tutrice de son mari interdit : dans ce cas, en ce qui concerne les biens du mari, ceux de la communauté et la jouissance de ses biens propres, elle peut faire seule, sans autorisation de justice, tous les actes qu'un tuteur seul peut faire : pour ces actes elle est mandataire légale du mari, et l'art. 1420 doit s'appliquer. Pour tous les actes qu'un tuteur ne pourrait pas faire à l'égard de ces mêmes biens, elle doit suivre les règles de la tutelle, prendre l'avis du conseil de famille, obtenir l'homologation du tribunal, etc. S'agit il au contraire de ses biens personnels et d'actes qui excèdent les limites de l'administration, la femme alors doit recourir à l'autorisation de justice, car c'est en son nom et non plus au nom du mari qu'elle les fait. Ainsi, pour les actes de disposi-

tion relatifs aux biens du mari et à ceux de la communauté, la femme a besoin de l'autorisation du conseil de famille et de l'homologation du tribunal ; pour les actes de disposition relatifs à ses biens personnels, l'autorisation de justice lui suffit, et enfin pour les actes d'administration elle a pleine capacité, qu'il s'agisse des biens du mari, de la communauté ou des siens propres.

58. Le mari peut révoquer l'autorisation qu'il a accordée à sa femme, cette autorisation fût-elle donnée par contrat de mariage, à moins que, dans ce cas, le retrait de l'autorisation ne modifiât le régime lui-même. Le mari doit seulement s'abstenir d'une révocation inopportune qui pût compromettre les intérêts de la femme, surtout quand elle est marchande publique. Mais le mari ne pourrait retirer à sa femme l'autorisation que la justice lui a accordée; tout ce qu'il peut faire, c'est demander à la justice de revenir sur sa décision. Il va sans dire que la révocation ne saurait avoir d'effet rétroactif contre les tiers, et pour qu'elle leur soit opposable à l'avenir, il faut qu'ils en aient eu connaissance : c'est au mari à prendre les mesures nécessaires.

59. Pour terminer sur les obligations qui résultent des contrats faits par la femme, nous ferons remarquer qu'il peut arriver que la communauté soit tenue par suite d'un engagement pris par la femme sans aucune autorisation : c'est lorsque cet engagement a profité à la communauté. La Cour de cassation l'a ainsi décidé dans un cas où une femme commune en biens, sans y être autorisée, avait fait faire un voyage

à une tierce personne à l'effet de veiller à ce qu'une succession purement mobilière ne fût pas spoliée : la Cour mit les frais à la charge de la communauté (Cass., 3 fév. 1830, aff. Cibois; Aub. et Rau, 4, § 509, n° 5, note 31).

II. Obligations naissant de quasi-contrats.

60. Il semblerait résulter des textes du Code Napoléon, art. 217 et suiv., que c'est seulement pour les contrats que la femme a besoin d'autorisation. Mais il y a même raison de décider quand l'obligation de la femme naît d'un fait qui lui est personnel et que ce fait constitue un quasi-contrat. Tel était, du reste, l'ancien droit que Pothier rapporte en ces termes : « Cette maxime que la femme mariée ne peut s'obliger sans le consentement et l'autorité de son mari....., doit être restreinte aux obligations *qui naîtraient de quelque fait* de la femme pour lequel elle n'aurait pas été autorisée (Pothier, *Tr. de la puissance maritale*, n° 50). » C'est aussi cette doctrine qu'a voulu reproduire le Code qui déclare la femme incapable d'accepter ou de répudier une succession (art. 776); d'accepter l'exécution testamentaire, (art. 1029). Au contraire, quand l'obligation résulte pour la femme du fait d'un tiers, il est bien certain qu'elle n'a pas besoin d'autorisation pour en être tenue.

Il est d'abord évident que le mari, en vertu du mandat général qu'il a reçu, a le pouvoir d'obliger sa femme non-seulement en ce qui concerne les biens de la communauté, mais même sur ses biens propres lorsque, dans ce dernier cas, l'acte qu'il fait rentre dans ses pouvoirs d'administration. C'est ainsi que les baux des biens personnels de la femme, passés par le mari dans les conditions exigées par la loi, obligent la femme, alors même qu'elle renonce à la communauté. Mais un tiers pourrait aussi obliger la femme, par exemple en gérant utilement ses affaires, et il aurait contre elle l'action *negotiorum gestorum*, alors même que l'utilité de la gestion aurait depuis disparu par suite de quelque accident.

61. Si au contraire c'était la femme qui eût géré les affaires d'autrui, elle n'aurait pu s'obliger sans autorisation ni envers les tiers, ni envers le maître lui-même, à moins qu'on pût considérer ses actes comme un quasi-délit dont il pourrait lui demander la réparation. De même la femme qui aurait reçu un payement qui ne lui était pas dû, ne serait pas tenue des obligations que fait naître le quasi-contrat du payement de l'indû. La femme ne pourrait, en effet, à l'occasion d'un payement qu'elle recevrait, contracter l'obligation conditionnelle de rendre; or c'est cette obligation que fait naître le payement de l'indû. Elle serait seulement obligée à la restitution jusqu'à concurrence du profit qu'elle aurait fait, car pour une obligation qui prend sa source dans la *versio in rem*, la femme n'a pas besoin d'autorisation. (Demol., 4, 182; Aub. et Rau, 4, p. 126, note 22.)

62. Il faut, au point de vue des quasi-contrats, distinguer, comme au point de vue des contrats, si c'est du mari ou de la justice que l'autorisation émane. Ainsi, est-ce le mari qui a autorisé la femme à ester en

justice, lors même que le procès concernerait les immeubles propres de celle-ci, s'il entraîne des condamnations aux dépens ou à des dommages-intérêts envers la partie adverse à laquelle le fait même du procès a causé préjudice, ces condamnations pourront être poursuivies contre la femme, la communauté et le mari. En un mot, il faut appliquer aux procès l'art. 1419 quand on se trouve dans les conditions de cet article. Si au contraire c'est la justice qui a autorisé la femme à suivre le procès, les condamnations prononcées contre elle ne doivent être supportées ni par le mari, ni par la communauté, sans qu'il y ait lieu de distinguer si le mari a refusé purement et simplement son autorisation ou s'il a déduit les motifs de son refus. Par application de ces principes, il faut décider que la femme qui forme une demande en séparation de corps contre son mari et qui succombe, doit supporter les frais qui ne tombent pas en communauté. D'ailleurs, en autorisant la femme à intenter sa demande, le tribunal peut, sur sa requête, lui accorder une provision qui est aussi applicable aux frais de l'instance. Mais si l'avoué de la femme dépassait cette provision, il ne pourrait, pour le surplus, recourir contre la communauté et le mari. (Rodière et Pont, 1. 610).

63. Nous arrivons à un quasi-contrat d'une importance pratique telle que le Code a cru nécessaire d'en donner une réglementation spéciale et détaillée : je veux parler de l'acceptation d'une succession échue ou d'une donation faite à la femme pendant le mariage. Les distinctions établies par la loi sont une di-

vision toute naturelle de la matière, et nous ne pouvons mieux faire que de les suivre; pour régler le droit de poursuite des créanciers héréditaires, elle s'attache à la nature mobilière ou immobilière des successions, et prenant chacune des trois hypothèses qui peuvent se présenter, elle considère si l'acceptation a eu lieu avec autorisation du mari ou de justice et si, dans ce dernier cas, le mari a fait ou non inventaire.

1re *hypothèse*. —Une succession purement mobilière est échue à la femme.

64. Il peut, dans ce cas, se présenter une difficulté qu'il importe d'examiner. La femme ne peut accepter une succession ni y renoncer sans l'autorisation de son mari ou de justice. Une succession toute mobilière est échue à la femme; si la femme veut accepter et que le mari refuse de l'y autoriser, elle demandera l'autorisation de la justice. Mais que va-t-il arriver si le mari étant d'avis d'accepter une succession toute mobilière, la femme au contraire veut la répudier? Beaucoup d'auteurs enseignent que le mari peut alors accepter la succession à ses risques et périls, soit comme exerçant les droits de la communauté à laquelle cette succession est dévolue (art. 818), soit comme exerçant les actions de sa femme qui lui appartiennent en matière mobilière (art. 1166). Mais d'une part la communauté n'a de droit sur les biens d'un des époux qu'autant que ces biens sont déjà entrés dans son patrimoine, et de même qu'en droit romain quand une succession était déférée à un esclave, si cet esclave ne voulait pas faire adition, le maître ne pouvait pas la

faire à sa place, de même ici la femme répudiant, le droit de la communauté ne s'ouvre pas ; et d'un autre côté si le mari exerçait les droits de sa femme en vertu de l'art. 1166 il en résulterait que la femme serait indéfiniment et irrévocablement tenue sur son patrimoine des dettes héréditaires : or le mari ne peut engager les propres de sa femme sans son consentement. Est-ce à dire que le mari va se trouver complétement désarmé devant le refus de sa femme ? Non. Si la justice n'autorise pas la femme à répudier, la succession n'est ni acceptée ni répudiée. Dans cette situation s'il se trouve que la femme a la saisine de ladite succession, jusqu'à ce qu'elle y ait renoncé, elle a sur elle, en qualité d'héritière, des droits que le mari comme chef de la communauté peut incontestablement exercer. Ce n'est pas une acceptation, mais les délais expirés, les cohéritiers de la femme et les créanciers héréditaires sont en droit d'agir tant contre elle que contre le mari, comme si la femme avait accepté du consentement de celui-ci. Néamoins sous la réserve des effets des jugements prononcés contre elle et passés en force de chose jugée, la femme qui ne s'est pas immiscée a conservé la faculté de renoncer à la dissolution de la communauté, si toutefois, au moins dans l'opinion générale, il ne s'est pas écoulé trente ans depuis l'ouverture de la succession. — Si au contraire la femme n'a pas la saisine, jusqu'à l'acceptation rien n'est acquis à la femme, et si la femme se refuse à accepter, le mari n'a aucun droit.

65. Supposons maintenant que la succession purement mobilière est acceptée par la femme autorisée de

son mari. Les créanciers de cette succession pourront poursuivre le payement de leurs créances contre les biens de la succession, leur gage naturel, et de plus contre les biens de la femme, de la communauté et du mari (art. 1411).

66. Si la femme n'a accepté qu'avec l'autorisation de justice, il faut distinguer si le mari a eu soin ou non de faire inventaire. Si le mari a fait inventaire, les créanciers héréditaires n'auront action que sur les biens provenant de la succession, que l'inventaire a distingués du mobilier de la communauté, et sur la nue propriété des biens de la femme (art. 1417). La communauté et le mari seront à l'abri de leurs poursuites, et pour le capital et pour les intérêts de ces dettes.

67. Le mari a-t-il négligé de faire inventaire, la confusion des biens provenant de la succession avec les biens de la communauté ne permettant plus de les distinguer, les créanciers héréditaires pourront poursuivre la communauté, la femme et le mari, comme si celui-ci avait consenti à l'acceptation (argument tiré de l'art. 1416).

2e *hypothèse.* — Une succession tout immobilière est échue à la femme.

68. Lorsque la femme accepte avec l'autorisation de son mari, les créanciers ont pour gage les biens de la succession et la pleine propriété des biens propres de la femme (art. 1413). C'est la seule exception que nous avons admise à l'art. 1419 et nous en avons donné les motifs. Touillier était d'un avis contraire ; il ne voyait pas d'exception dans l'art. 1413 qu'il fallait, disait-il, compléter par l'art. 1419, argumentant de ce

fait que les créanciers héréditaires, pouvant poursuivre une portion des biens de la communauté, c'est-à-dire la jouissance des propres de la femme, devaient pouvoir agir contre toute la communauté (Touillier, 12, 282 et 283). Mais que les créanciers puissent poursuivre la pleine propriété des biens propres de la femme, cela s'explique parce que le mari, en autorisant la femme à accepter, consent virtuellement à ce que l'acceptation produise ses effets ordinaires et engage toute la fortune personnelle de l'héritière : les créanciers n'ont pas à se plaindre, eux qui voient leur gage augmenté de tous les biens de la femme, et ils n'ont pas dû compter sur les biens de la communauté, que l'affaire ne concerne en aucune façon. D'ailleurs l'exception à 1419 résulte suffisamment du texte de l'art. 1413 comparé aux art. 1412-2° 1416 et 1417.

69. Si la succession purement immobilière n'est acceptée par la femme qu'avec l'autorisation de la justice, les créanciers ont pour gage les biens de la succession et, en cas d'insuffisance, la nue propriété seulement des propres de la femme (art. 1412 et 1413.) Il résulte de la deuxième partie de cet article que les époux ont une sorte de bénéfice de discussion (Aub. et Rau, 4, p. 320, note 9; Pont et Rodière, p 527).

3° *hypothèse.* — La succession échue à la femme est en partie mobilière et en partie immobilière.

70. Si le mari autorise l'acceptation, les créanciers ont action contre les biens de la succession, contre les biens de la femme, de la communauté et du mari. La loi aurait pu proportionner le droit de poursuite des créanciers contre la communauté à la valeur du mobi-

lier qui y tombe et suivre ainsi à la lettre les règles précédemment tracées pour les successions toutes mobilières ou toutes immobilières ; mais elle a voulu éviter toute difficulté, toute contestation sur la proportion à établir, et comme il y a intérêt pour la communauté et le mari, elle a simplement appliqué ici l'art. 1419.

71. Si c'est la justice qui a autorisé la femme à accepter, le droit de poursuite des créanciers se limite aux biens de la succession et, en cas d'insuffisance, à la nue propriété des propres de la femme (art. 1417), à moins que le mari n'ait pas pris soin d'inventorier le mobilier. Le défaut d'inventaire, en effet, laisse se confondre les deux mobiliers de la succession et de la communauté, qui par suite devient aussi le gage des créanciers héréditaires (art. 1416). Dans ce cas, les propres du mari ne sont pas affranchis de la poursuite des créanciers comme l'enseignent certains auteurs (Pont et Rodière, 1, 520), car si l'art. 1416 ne parle que des biens de la communauté, on ne peut en tirer aucun argument puisque l'article prévoit aussi le cas où la succession est échue au mari, et il n'y a pas de doute alors que les propres du mari sont aussi tenus, quoique la loi ne le dise pas.

72. Il est du reste bien évident que les règles tracées au titre des successions recevraient ici leur application, et que rien ne fait obstacle à ce que la femme accepte la succession sous bénéfice d'inventaire et limite ainsi aux biens héréditaires le droit de poursuite des créanciers du défunt, ou qu'à l'inverse ceux-ci usent du bénéfice de la séparation des patrimoines (art. 878) pour écarter des biens de la succession,

soit les créanciers de la communauté, soit les créanciers personnels de la femme.

73. L'art. 1418 ne fait qu'appliquer aux donations les règles posées par les articles précédents pour les successions : le droit des créanciers dans les deux cas se règle suivant les mêmes distinctions.

III. Dettes qui naissent de délits ou de quasi-délits.

74. Il eût été révoltant et inadmissible que la femme ne se trouvât pas obligée par suite de ses délits ou de ses quasi-délits quand en pareil cas le mineur lui-même n'est pas restituable (art. 1310). Sauvegarder les droits du mari, c'était tout ce que pouvait ici le législateur, et c'est ce qu'il a fait dans les art. 1424 et 1425, aux termes desquels les amendes encourues par la femme et les condamnations prononcées contre elle par suite de ses délits ou quasi-délits peuvent se poursuivre sur ses biens personnels, mais en réservant la jouissance de la communauté. Quelques lois particulières ont cependant fait exception à cette règle; par exemple, en matière de contraventions de police rurale et en matière de délits forestiers ou de pêche, la loi du 6 octobre 1791, tit. 2, art. 27 ; le Code forestier, art. 206, la loi du 15 avril 1829 sur la pêche fluviale, art. 74, et le décret du 9 janvier 1852 sur la pêche côtière, art. 12, déclarent les maris civilement responsables des contraventions et des délits commis par leurs femmes. Dans ces différents cas, les délits de la femme obligent la communauté et le mari lui-même.

75. Il peut arriver que l'action paulienne puisse être dirigée contre la femme par suite d'un quasi-délit qu'elle seule a commis : je veux parler du cas où la femme a été complice de la fraude dont s'est rendu coupable celui qui lui a constitué une dot. Si le mari avait, comme la femme, connu la situation du constituant, les créanciers de celui-ci pourraient faire révoquer pleinement la donation ; mais le mari de bonne foi et la communauté cessionnaires à titre onéreux des droits de la femme ne doivent point souffrir du dol de celle-ci. Si donc la dot a consisté en immeubles, durant la communauté, les créanciers du constituant n'en pourront poursuivre que la nue propriété, et si la dot a été d'une somme d'argent tombée dans la communauté, ils feront condamner la femme au montant de la dot, sauf à faire exécuter cette condamnation sur la nue propriété des propres de la femme, si elle en a, sinon quand ils le pourront et comme ils le pourront.

IV. Obligations qui naissent de la loi.

76. Enfin la loi elle-même peut imposer à la femme certaines obligations : telle est l'obligation de gérer une tutelle déférée à la femme (Aub. et Rau, 4, p. 126, note 21). Le défaut de gestion comme la mauvaise gestion la rendraient responsable ainsi que son mari, qui sera toujours cotuteur avec elle (art. 395). Telles seraient encore les obligations alimentaires dont la femme pourrait être tenue aux termes des art. 205 et 206. C'est là d'ailleurs une charge du mariage qui

grève la communauté, et pour laquelle elle peut être poursuivie (art. 1409-5°). Ce droit de demander à la femme et à la communauté ce qui est nécessaire à son entretien et à son éducation, appartiendrait à un enfant que la femme aurait eu d'un premier lit, et aussi à un enfant naturel que la femme aurait reconnu avant son mariage ; mais un enfant naturel que la femme aurait reconnu pendant le mariage, comme elle en a le droit sans aucune autorisation, ne pourrait s'adresser qu'à la femme et non à la communauté.

77. Les distinctions que nous avons établies pour déterminer le gage des créanciers de la femme cessent de s'appliquer quand il s'agit des arrérages ou des intérêts de ces mêmes dettes. Aux termes du § 3 de l'art. 1409, les arrérages ou intérêts des rentes ou dettes passives qui sont personnelles aux époux peuvent se poursuivre contre la communauté, alors même que le capital ne peut être demandé qu'à la femme. Tels sont, par exemple, les intérêts des dettes immobilières qu'avait la femme au jour de la célébration du mariage, ou les intérêts des dettes qui grèvent les successions immobilières échues à la femme durant le mariage ; tels sont encore les arrérages d'une rente créée par la femme pour prix d'un immeuble acquis avant son mariage. En effet, la communauté a tous les revenus actifs des époux ; comme tout usufruitier, elle doit supporter les revenus passifs.

78. On peut rattacher cette règle à un principe plus général, d'après lequel la communauté peut être poursuivie toutes les fois qu'elle fait un profit, toutes les fois qu'il y a *versio in rem*. C'est ainsi que, par ap-

plication des art. 1433 et 1437, la Cour suprême, dans une espèce où la femme, sans aucune autorisation, avait fait faire un voyage par une tierce personne, avec la mission de veiller à ce qu'une succession purement mobilière à elle échue ne fût pas spoliée, a décidé que les dépenses faites par ce tiers devaient tomber à la charge de la communauté, dont l'affaire, en définitive, avait été gérée (Civ. rej., 3 février 1830, Sir., 30, 1, 130). Mais dans ce cas et les autres semblables, le mari ne peut être recherché par l'action *negotiorum gestorum*, mais seulement par l'action *de in rem verso* (Aub. et Rau, 4, § 509, note 31); il ne suffirait pas que l'affaire eût été utilement gérée, il faut que la communauté se soit enrichie pour que l'on ait action contre elle.

79. En parcourant successivement les diverses sources des obligations, nous venons de voir les droits qui appartiennent directement aux créanciers personnels de la femme mariée et qu'ils peuvent exercer de leur chef. Il nous reste à rechercher si d'autres droits ne peuvent pas leur appartenir, non plus *de plano* et en leur nom personnel, mais du chef et au nom de leur débitrice. Aux termes de l'art. 2092, tout le patrimoine du débiteur est le gage de ses créanciers, mais dans ce patrimoine sont compris les droits et actions, et l'art. 1166 en permettant aux créanciers de les exercer au nom de leur débiteur lorsqu'ils ne sont pas spécialement attachés à sa personne, ne fait qu'appliquer le principe général de l'art. 2092. Il faut donc rechercher si la femme n'a pas certains droits dont ses créanciers pourront user à son défaut.

80. La communauté est une société entre époux, mais une société *sui generis* où tous les pouvoirs sont à l'un des associés, le mari, qui tient sa femme sous sa dépendance. Pour contre-balancer cette omnipotence du mari, la loi a dû accorder à la femme certaines faveurs, certains avantages que n'a pas un associé ordinaire. La plupart de ces avantages, comme ceux que lui donnent les art. 1408, 1415, 1453, 1483, 1471, 1472, la femme ne pourra en profiter qu'à la dissolution de la communauté, et c'est en parlant des droits des créanciers de la femme après cette dissolution que nous aurons à rechercher si ces créanciers jouiront à son défaut du même bénéfice. Mais il est un droit tout spécial accordé à la femme qui voit sa fortune personnelle compromise et sa dot mise en péril, c'est le droit de demander la séparation de biens. A première vue il semble que c'est là un droit tout pécuniaire, n'ayant trait qu'au patrimoine de la femme et qui, par conséquent, devrait pouvoir être exercé par ses créanciers. Mais le législateur, reproduisant en cela une maxime célèbre du chancelier d'Aguesseau, a pensé qu'il y avait là en jeu des intérêts moraux de l'ordre le plus élevé, et dans le 1er de l'art. 1446, il a réservé à la femme seule le droit de provoquer une mesure aussi grave. Il faudra donc que les créanciers assistent impassibles à l'amoindrissement successif et peut-être à la ruine complète de leur gage, à moins que la femme ne les autorise à demander en son nom la séparation de biens. Mais de même que la femme, après avoir elle-même intenté l'action, serait toujours libre de s'en désister, de même il lui suffira de retirer son consen-

tement pour que ce retrait arrête l'action des créanciers. Que si au contraire, pendant l'instance engagée sur sa demande, la femme venait à mourir, son intention ainsi manifestée autoriserait ses créanciers à continuer le procès dont elle ne s'est jamais désistée. C'est à tort que la Cour de Douai a jugé le contraire (Douai, 25 mars 1831, Sir., 31, 2, 244). Il peut y avoir à cela un grand intérêt pour faire remonter la dissolution de la communauté au jour de la demande et anéantir ainsi les actes accomplis par le mari dans l'intervalle de la demande à la mort de la femme.

81. En refusant aux créanciers le droit de demander la séparation de biens, la loi ne pouvait pas aller jusqu'à faire à l'affection conjugale ou à la bonne harmonie du ménage le sacrifice entier de leurs légitimes intérêts. En cas de faillite ou de déconfiture du mari, la loi vient donc au secours des créanciers de la femme et leur permet alors d'exercer, jusqu'à concurrence du montant de leurs créances, les droits qui appartiendraient à leur débitrice si la séparation avait été prononcée. Le prix d'un propre de la femme, aliéné pendant le mariage, est-il tombé en communauté, ils en exerceront la reprise ; lui est-il dû quelques récompenses, les créanciers les exigeront ; ils feront tous les prélèvements que la femme pourrait faire. Même les droits subordonnés à l'acceptation ou à la répudiation de la communauté, par exemple le droit de demander le partage de la communauté, celui de reprendre son apport en renonçant quand elle l'a ainsi stipulé, même ces droits sont ouverts à leur profit, sauf plus tard l'obligation pour la femme de remettre dans la communauté une valeur

égale à celle que ses créanciers y auront prise si, la communauté devenant plus mauvaise encore, la femme veut renoncer, ou si, les affaires du mari devenant meilleures, la femme voulait accepter. Ces créanciers poursuivant ainsi la liquidation et la reprise des droits de la femme, et se faisant colloquer de son chef dans les distributions et ordres ouverts sur le mari, aussi bien sur les immeubles personnels de celui-ci que sur les conquêts de communauté, ne seront pas même tenus de respecter l'usufruit de la communauté. A qui en effet profiterait cette restriction de leurs droits? Aux créanciers du mari, à la masse de la faillite. Il n'y a aucune raison de les leur préférer (*sic*. Aub. et Rau, 4, p. 330, not. 6; Marcadé, art. 1446 et 1447, n° 1. — *Contra*, Pont et Rodière, 809). Il est du reste évident qu'en cas de faillite ou de déconfiture du mari, les créanciers de la femme pourraient, comme en cas de dissolution de la communauté, se prévaloir de l'hypothèque légale de la femme aux divers rangs que lui donne l'art. 2135.

82. Telle est, tant que dure la communauté légale, la situation des créanciers personnels de la femme; il nous reste à étudier les modifications qui peuvent résulter pour eux de sa dissolution.

II.

DROITS DES CRÉANCIERS DE LA FEMME APRÈS LA DISSOLUTION DE LA COMMUNAUTÉ.

83. Nous avons comparé la communauté à une société ordinaire et nous avons vu qu'elle en différait,

entre autres choses, par les pouvoirs excessifs qui appartenaient au mari, mais que compensaient pour la femme certains avantages à elle propres. C'est ainsi qu'en supposant une succession en partie mobilière et en partie immobilière échue à la femme sans que le mari ait pris soin de faire inventaire, la femme, soit qu'elle accepte la communauté, soit qu'elle y renonce, aura le droit de prouver par tous moyens, et même par la commune renommée, que le mobilier tombé de son chef en communauté était très-considérable pour rejeter sur celle-ci la plus grande part des dettes; au contraire, la succession provient-elle du chef de son mari, elle pourra prouver que le mobilier était peu important et que par suite la plus forte partie des dettes, c'est lui, et non la communauté qui doit la supporter, dans le cas où elle voudrait accepter (art. 1415). C'est ainsi encore qu'en supposant un propre de la femme aliéné et le prix versé dans la communauté, tout le monde admet que la femme pourra prouver, non pas que l'immeuble valait plus qu'il n'a été vendu, mais qu'il y a eu dans le contrat une dissimulation du prix, tandis qu'il y a désaccord pour savoir si ce droit doit être aussi accordé au mari. Ces droits divers, rien n'empêche les créanciers de la femme de les exercer à son défaut.

84. Mais il est une autre faveur que la loi accorde à la femme, et sur laquelle il y a controverse pour savoir si, à son défaut, ses créanciers pourraient s'en prévaloir : je veux parler de l'option que donne à la femme l'art. 1408-2°. Cet article suppose que la femme était propriétaire d'un immeuble par indivis, et pendant le mariage le mari est devenu seul et en son

nom personnel adjudicataire de l'immeuble entier qui a été licité, ou seulement de l'autre portion indivise. A la dissolution, la femme a le droit, dans le premier cas, de prendre l'immeuble entier ou de l'abandonner à la communauté; dans le deuxième cas, de prendre l'immeuble entier ou de n'en conserver que sa part primitive, le tout sauf récompense. Ce droit si avantageux pour la femme, qui consiste à choisir entre deux biens celui qui a le plus de valeur, est un droit tout pécuniaire, une garantie donnée à la femme contre l'administration du mari; ses créanciers devraient donc pouvoir l'exercer à sa place. Néanmoins, quelques auteurs et la jurisprudence rattachent cette option donnée à la femme à une idée d'affection présumée pour un bien de famille, et décident que le choix lui est tout personnel. C'est une idée fausse, car il ne s'agit pas seulement pour la femme de pouvoir rendre propre un conquêt; le privilége consiste aussi et autant à pouvoir rendre conquêt un bien qui devrait être propre. Il n'y a donc là qu'un intérêt tout pécuniaire.

85. La communauté dissoute, la femme, soit qu'elle accepte, soit qu'elle renonce, a le droit d'exercer ses reprises, c'est-à-dire de prélever sur la masse des biens ceux qui lui appartiennent en propre. Pas de difficulté pour ceux des biens personnels de la femme qui existent encore en nature, ou dont il a été fait remploi, ou dont le prix est encore dû quand finit la société conjugale; c'est sa propriété, et elle la reprend. Mais il peut être dû à la femme, non plus des biens en nature, mais des sommes d'argent provenant, soit de l'aliénation de ses

biens personnels, soit des indemnités à elle dues par la communauté, et il est alors du plus haut intérêt pour la femme, et par suite pour ses créanciers, de savoir à quel titre seront exercées ces reprises : la femme viendra-t-elle comme créancière ou comme propriétaire ? telle est la première question. S'il n'y avait pas de textes, le doute ne s'élèverait pas car il s'agit de récompenses ou d'indemnités dues par la communauté, donc d'un droit de créance. Mais il y a l'art. 1470 qui parle de *prélèvements*, ce qui paraît indiquer un droit de propriété, et surtout l'art. 1471, qui permet à la femme de prendre du mobilier, puis des immeubles de la communauté, établissant ainsi, à ce qu'il semble, un remploi virtuel au profit de la femme. Mais outre qu'il y a quelque chose d'anormal à voir un droit de propriété sur un objet indéterminé, si l'art. 1471 établit un remploi virtuel, s'il a par suite un caractère impératif, on ne peut le transporter dans la matière de la renonciation, surtout en présence de l'art. 1492 qui enlève à la femme renonçante toute espèce de droits sur la communauté, et alors, en matière de renonciation, le système de la copropriété manque de fondement. Mais même en matière d'acceptation l'art. 1471 n'est pas un texte absolument impératif, c'est-à-dire qu'une des parties ne peut pas exiger que l'on s'en tienne à l'art. 1471. Pour le démontrer, il faut rechercher les motifs de cet art. 1471. Or il n'a pas eu pour but de restreindre les droits du conjoint, exerçant ses reprises, en ne lui permettant pas de saisir un bien de la communauté comme l'aurait pu faire un créancier du droit commun, mais en le forçant de suivre un certain ordre analogue à celui que l'art. 2206 impose aux créanciers d'un mineur, non; l'art. 1471 a simplement voulu reproduire un procédé de liquidation de la communauté usité dans notre ancienne jurisprudence. Ce procédé consistait à prendre des biens de la communauté pour les attribuer au conjoint sans transformer aucunement son droit; c'était en d'autres termes une dation en payement faite avant le partage avec des biens de la communauté. C'est ce mode de dation en payement et non un remploi virtuel, que l'art. 1471 a organisé, et ce mode de dation en payement n'a rien d'obligatoire, car, d'une part, si le conjoint non créancier offre à l'autre un payement en argent, on ne voit pas pourquoi l'autre pourrait refuser, et d'autre part, à défaut d'argent, le conjoint créancier peut, au lieu de prendre les objets de la communauté, demander qu'ils soient mis en vente, puisqu'en lui attribuant ces objets il faudrait assurément tenir compte de la perte que leur vente lui ferait éprouver, une dation en payement ne devant pas diminuer le droit du créancier.

Mais à quoi bon alors l'art. 1471? ce n'est donc qu'un simple conseil donné au conjoint? Non; voici ce que cet article a d'impératif, c'est qu'à défaut de payement en argent comptant le conjoint créancier, au lieu d'être obligé de saisir, peut se faire payer par une dation en payement. Le droit de la femme est donc, non un droit de propriété, mais un droit de créance.

86. Cette première question résolue, il en reste une deuxième : la femme aura-t-elle vis-à-vis des créanciers de la communauté un droit de préférence autre que celui qu'elle pourrait tirer de son hypo-

thèque légale? D'abord il peut arriver que la liquidation se fasse sans que les créanciers de la communauté y soient intervenus. Si dans ce cas la femme qui a exercé ses reprises n'a pas fait d'inventaire, elle sera tenue pour moitié des dettes de la communauté; si elle a fait inventaire, elle ne sera tenue que dans les limites de son émolument et sans qu'elle ait à comprendre ses reprises dans cet émolument. Ce n est pas qu'elle ait été payée par préférence aux autres créanciers, mais c'est que, suivant le droit commun, le créancier premier payé est valablement payé. — Mais le plus souvent les créanciers de la communauté ne manqueront pas d'intervenir à la liquidation, et alors la femme aura-t-elle sur eux un droit de préférence? Si l'on admettait que c'est par une sorte de remploi virtuel que la femme exerce ses reprises, on pourrait dire qu'elle reprend ces biens comme ceux faisant l'objet d'un remploi conventionnel, pour lesquels elle n'a pas à subir le concours des créanciers. Cependant, même en admettant que la femme vient comme propriétaire, on pourrait dire, comme Marcadé, qu'elle ne reprend le bien que comme bien commun, et que, par suite, ce bien demeure le gage des créanciers de la communauté; ou mieux encore, que le résultat de la liquidation pouvant seul faire reconnaître à la femme un droit de propriété, on ne peut plus parler de ce droit quand la présence des créanciers de la communauté empêche de lui faire les attributions dont parle l'art. 1471. — Mais nous avons montré que la femme était créancière et non propriétaire, et alors pour soutenir que la femme a un droit de préférence on a invoqué l'art. 1483. La femme qui a fait inventaire n'est tenue que jusqu'à concurrence de son émolument ; or il est certain que la femme n'émolumente pas de ses reprises; c'est donc, a-t-on dit, qu'elle a un droit de préférence pour ses reprises, sinon elle payerait au delà de son émolument. Cette opinion repose sur une confusion : elle est vraie, nous l'avons dit, quand les créanciers de la communauté ne sont pas intervenus à la liquidation ; elle ne l'est plus dès qu'ils y interviennent : alors, en effet, ils se présentent en regard de la femme, avec un droit qui n'est pas différent du sien, si ce n'est qu'il n'y a pas pour elle besoin de saisir pour se payer. Mais ce droit donné à la femme vis-à-vis de son mari ne lui appartient plus en face de créanciers de la communauté, auxquels elle n'a aucun privilége à opposer, leurs droits étant les mêmes (Cass., ch. réunies, 16 janv. 1858 ; Sir., 58, 1, 10 ; *Revue critique*, t. 3, 1853, p. 436 ; t. 9, 1856, p. 487). Il est toutefois un créancier de cette communauté auquel la femme sera préférable, c'est le mari ; c'est que la femme est créancière du mari, et si elle ne peut l'emporter sur les créanciers de la communauté, elle primera pour ses reprises les créanciers personnels du mari postérieurs à la dissolution de la communauté, qui n'auront de droit que quand la femme sera désintéressée. Il serait injuste, en effet, que l'époux du chef duquel des valeurs sont tombées dans la masse commune pût être contraint au partage de cette masse avant d'avoir été rempli de ses reprises, et se trouvât ainsi exposé à subir sur les biens communs le concours des créanciers personnels de son conjoint. Par la vertu de ses reprises, la femme a donc un droit plus fort que celui du mari, comme dit Pothier, et plus fort par conséquent que celui des ayants cause du mari (Aub. et Rau, 4, § 511, notes 19 et 25). De plus, si les biens de la communauté sur lesquels la femme exerce ses reprises avant celles du mari sont insuffisants pour la remplir, elle peut se faire payer sur les biens personnels de ce dernier.

87. De tout cela il résulte que si les créanciers de la communauté n'ont pas de préférence sur les créanciers personnels de la femme, parce que, comme nous l'avons démontré, la communauté n'est pas une personne morale, à l'inverse, les créanciers personnels de la femme, agissant en son nom pour exercer ses reprises, n'ont pas de cause de préférence contre les créanciers de la communauté; au contraire, ils priment le mari et les créanciers du mari qui ont traité avec lui depuis que la communauté a cessé d'exister, au moins dans le cas où la femme accepte la communauté.

88. Passant en revue les divers avantages que la loi accorde à la femme, indépendamment du parti qu'elle prendra relativement à la communauté, nous avons à dire quelques mots de l'hypothèque légale que lui confère l'art. 2135, et qui, assurant ses reprises, offre à ses créanciers la plus précieuse garantie. Cette hypothèque ne frappe pas seulement les immeubles propres du mari, mais s'étend aussi aux immeubles conquêts même aliénés durant la communauté. Cette opinion, qui ne saurait faire doute en cas de renonciation de la femme, est contestée en cas d'acceptation : on dit qu'en acceptant la femme ratifie

ce qu'a fait le mari, et est par suite tenue de la garantie : il y a du vrai dans cette objection, mais la femme n'a qu'à faire inventaire pour pouvoir limiter à son émolument l'obligation de garantie dont elle est tenue. Une autre objection plus spécieuse est celle-ci : quand le mari aliène des immeubles de la communauté, il le fait comme mandataire de sa femme, et en donnant ce mandat, la femme est censée avoir renoncé à son hypothèque légale. La réponse est facile : oui, la femme a donné mandat au mari, mais sous réserve de ses droits, *salvo jure suo*. Si l'on n'interprétait pas ainsi ce mandat, il faudrait dire que, même en cas de renonciation, les hypothèques consenties par le mari sur les immeubles restés en communauté doivent primer l'hypothèque légale de la femme, ce qui est inadmissible (M. Duverger, à son cours).

89. Les divers avantages que nous venons d'énumérer et qui résultent pour la femme des art. 1415, 1408, 1470 et suivants, 2135, ont pour but de lui faciliter les moyens de reconstituer sa fortune personnelle, le gage naturel de ses créanciers. Il reste un troisième patrimoine, la masse commune sur laquelle la femme a toujours eu des droits ; mais cette communauté, fruit d'une administration à laquelle la femme a été étrangère, peut être plus ou moins bonne, plus ou moins grevée de dettes. Astreindre la femme à faire siennes une partie de ces dettes, c'eut été une injustice que la loi a prévenue, en laissant à la femme elle-même la liberté d'accepter ou de renoncer à la communauté, faveur exorbitante, mais que justifie la position de celle qui en est l'objet.

90. Cette option accordée à la femme peut-elle être exercée par ses créanciers? On n'a jamais contesté à ces créanciers le droit d'accepter la communauté en son lieu et place; cela résulte même de l'art. 1464. Au contraire, on a soutenu et même jugé que la faculté de renoncer à la communauté était un droit personnel à la femme, et qui ne peut être exercé en son nom par ses créanciers (Paris, 31 mars 1853, Sir., 53, 2, 357). Cette opinion est justement rejetée par la majorité des auteurs : la faculté de renoncer est en effet une simple garantie des intérêts pécuniaires de la femme, et il n'y a aucune raison d'en faire un privilége attaché à sa personne (Aub. et Rau, 3, p. 85, note 38). Il est bien entendu, du reste, que si la femme avait d'abord accepté, ses créanciers, avant de pouvoir renoncer, devraient faire rétracter son acceptation.

91. Et non-seulement les créanciers de la femme peuvent exercer à la place de leur débitrice l'option qui lui appartient, mais ils peuvent attaquer celui des deux partis qu'elle aurait pris, acceptation ou renonciation, si elle avait agi en fraude de leurs droits. Pour la renonciation, l'art. 1464 tranche la question, mais il y a controverse encore quant à l'acceptation. Pour écarter l'action des créanciers, on dit que la femme, en acceptant la communauté, ne fait que rester dans la situation où elle est de femme commune, sans se créer une situation nouvelle comme au cas d'acceptation d'une succession, et que dans la résolution de la femme, il y a un sentiment moral qu'il faut respecter. On se fonde en outre sur le silence de l'art. 1464 (Troplong, 3, 1520). Mais cette opinion ne doit pas être suivie :

l'art. 1167 ouvre l'action paulienne contre tous les actes faits en fraude des créanciers; or n'y a-t-il pas fraude préjudiciable à ses créanciers dans cette acceptation de la femme, faite sans inventaire, pour favoriser les créanciers de la communauté au détriment des siens, ou dans cette acceptation qui n'est qu'une manière détournée de livrer aux héritiers du mari ou aux créanciers de la communauté les apports que sa renonciation, d'après les clauses du contrat de mariage, eût assurés à ses propres créanciers?

92. Ils peuvent en outre attaquer une renonciation frauduleuse : ici nous avons le texte de l'art. 1464. Mais la controverse renaît à un autre point de vue. Suffit-il, pour que l'action paulienne soit admise, que la renonciation de la femme soit seulement préjudiciable à ses créanciers, ou faut-il de plus qu'il y ait fraude, c'est-à-dire intention de nuire chez la femme ou au moins connaissance du tort qu'elle cause? Les avis sont partagés. Une première opinion qui se contente du simple préjudice invoque les art. 622 et 788, où l'on ne parle que du préjudice, pour soutenir que, quand il s'agit de renonciations gratuites, l'exercice de l'action paulienne est subordonné au seul préjudice des créanciers sans qu'on ait à s'inquiéter de l'intention du débiteur. On remarque d'ailleurs que le mot *fraude* se trouvait d'abord dans les art. 622 et 788, et que ce mot a été retranché sur les observations du tribunal de cassation, qui était d'avis que le simple préjudice devait suffire. Sans doute le mot *fraude* a été conservé dans l'art. 1464, mais, dit la première opinion, ce ne peut être que l'effet d'une inadvertance puisqu'il n'y a

pas de raison de distinguer entre la renonciation à communauté ou à succession. L'art. 2225, qui autorise les créanciers à faire révoquer la renonciation à prescription, lors même qu'elle ne serait pas entachée de fraude, vient encore à l'appui de la première doctrine. Enfin on ne voit pas ce que peut faire la mauvaise foi du débiteur lorsque des tiers *qui certant de lucro captando* se trouvent en présence de créanciers qui *certant de damno vitando*. (Aub. et Rau, 3, p. 90, note 14; Rodière et Pont, *du Contr. de mariage*, 1, 893.) Cette première opinion ne doit pas être suivie : elle a d'abord contre elle le texte de l'art. 1464 qui se sert du mot *fraude*, et qu'il est trop simple de corriger comme le fait le premier système. A l'objection tirée des art. 622 et 788, il est facile de répondre que ces articles ne sont que des applications d'un principe général, lequel est écrit dans l'art. 1167 dont la rédaction est postérieure : cet art. 1167 est le siége de la matière, c'est là que la question a été discutée et tranchée et la fraude admise comme condition à l'exercice de l'action paulienne. Les art. 622 et 788 ne parlent que du préjudice, et le mot *fraude* en a été expressément retranché sur les observations du tribunal de cassation. Mais cela prouve uniquement qu'on a voulu réserver la question jusqu'au moment où l'on serait arrivé à l'art. 1167 qui devait la trancher et qui l'a en effet tranchée dans le sens de la fraude, comme le prouvent et son texte et le texte de l'art. 1464 postérieur à 1167. D'ailleurs il y a contre le premier système un argument décisif ; il serait bien singulier que pour les donations on appliquât l'art. 1167, tandis que pour une renonciation on se contenterait du simple préjudice. Aussi la logique a conduit les auteurs qui adoptent la première opinion à distinguer les actes à titre gratuit et les actes à titre onéreux et à se contenter pour tous les premiers du simple préjudice. Mais où cette distinction est-elle écrite ? Ce n'est assurément pas dans l'art. 1167 ; c'est donc faire la loi, et non plus l'expliquer.

93. Cette faculté d'attaquer comme frauduleuse la renonciation de la femme appartiendrait à ses créanciers même dans l'hypothèse de l'art. 1463, où la renonciation résulte, pour la femme séparée de corps et de biens ou de biens seulement, du défaut d'acceptation dans le délai de trois mois et quarante jours. Il suffit en effet à l'exercice de l'action paulienne qu'il y ait à la fois préjudice et fraude, et il n'est pas besoin, comme l'enseigne M. Bellot des Minières (2, p. 342), qu'il y ait concert frauduleux de la femme avec le mari ou les créanciers de celui-ci.

94. Mais les créanciers de la femme ne seraient pas admis à demander la séparation de son patrimoine propre d'avec sa part dans la communauté (Aub. et Rau, 4, § 517, n° 4, et note 24), séparation que, de leur côté, les créanciers de la communauté ne sauraient obtenir (Marcadé, art. 1476). C'est qu'il n'y a pas analogie entre la communauté et une succession, la première n'étant pas, comme la seconde, une universalité juridique distincte du patrimoine propre de la femme.

95. Ainsi donc, relativement à la masse commune, la femme a toute liberté d'accepter ou de renoncer, sous la réserve du droit de ses créanciers d'attaquer

l'un ou l'autre de ces actes qui serait entaché de fraude à leur égard. Il faut maintenant rechercher les conséquences qu'entraîne pour la femme et pour ses créanciers, soit l'acceptation, soit la renonciation.

PREMIER CAS. — *La femme accepte la communauté.*

96. Aux termes de l'art. 1467, « après l'acceptation de la communauté par la femme ou ses héritiers, l'actif se partage et le passif est supporté de la manière déterminée par la loi. » La première conséquence de l'acceptation est donc le partage de l'actif social entre le mari et la femme. Il serait trop long, et ce serait dépasser les limites de notre sujet, de rechercher ici les divers éléments dont se compose activement la communauté, les rapports qui doivent lui être faits par les époux, les récompenses qui lui sont dues. Il nous suffira de dire d'une manière générale que toutes les fois que l'un des conjoints a tiré des biens de la communauté un profit personnel, par exemple pour conserver, acquérir ou améliorer un de ses propres, l'autre conjoint, le mari aussi bien que la femme, a le droit d'exiger le rapport à la communauté soit du montant intégral de la somme s'il s'agit d'une dépense nécessaire, soit simplement de la plus-value qui en est résultée s'il ne s'agit que d'une dépense utile. Nous ajouterons seulement que la femme a le droit de ne tenir aucun compte des donations que son mari aurait faites, soit d'immeubles conquêts, soit d'une quote-part du mobilier de la communauté, et qu'elle peut comprendre ces biens dans la masse à partager.

97. Nous savons que pour former cette masse à partager il faut commencer par faire la distraction de ce qui appartient en propre à chaque époux, et nous avons déjà étudié cette opération préliminaire du partage. Il reste à opérer le rapport réel ou fictif des récompenses ou indemnités que les conjoints, comme nous venons de le dire, peuvent devoir à la communauté, art. 1468, 1469; pour cela divers procédés peuvent être employés. Le plus simple est de comprendre dans l'actif commun ce qui est dû par chacun des deux conjoints, sauf à ceux-ci à précompter sur leur part respective la créance de la communauté. Un autre procédé consiste à faire le partage de la communauté sans faire le rapport : alors le conjoint débiteur doit à son conjoint le mi-denier, la moitié de sa dette et il fait confusion sur sa tête de l'autre moitié. Si les deux conjoints sont débiteurs, on arrive au même résultat en faisant la compensation des deux dettes, et s'il y a un excédant, pour cet excédant le conjoint subira encore le mi-denier. Seulement, en prenant cette voie, il faut remarquer que si la femme est poursuivie par les créanciers de la communauté dans la limite de son émolument, elle devra comprendre dans cet émolument la somme pour laquelle elle a fait confusion sur sa tête, car la libération ici est un accroissement de sa part. Enfin un troisième procédé consiste à compenser, avant le partage, les dettes des deux époux envers la communauté jusqu'à due concurrence, sauf à la femme à comprendre dans son émolument la dette qu'elle n'a pas payée. Ce procédé-là peut encore être suivi alors même que l'un des con-

joints serait, en même temps que débiteur, créancier de la communauté. Supposons que l'actif commun comprend 10,000 fr., que chacun des deux époux doit 20,000 fr. à la communauté, et que la femme est créancière de la communauté de 50,000 fr. Des auteurs enseignent que dans ce cas il y aurait un inconvénient pour le mari à procéder par voie de compensation. En effet, en prenant la voie la plus simple, la première, on dirait : La communauté se compose de 10,000 fr., plus 20,000 fr., plus 20,000 fr.; total 50,000 fr. que prendra la femme, mais le mari n'aura rien déboursé sur ses biens personnels pour remplir la femme. Que l'on compense au contraire les deux dettes du mari et de la femme, la communauté se composera de 10,000 fr. que prendra la femme et le mari devra lui rendre 40,000 fr., donc 20,000 fr. de plus que dans le premier cas. Il y a là deux erreurs : la première consiste à croire qu'en prenant ce procédé, on fera l'annulation des deux dettes avant d'établir le compte de chaque conjoint avec la communauté; c'est ce qu'on ne fera pas. On dira : La femme est créancière de 50,000 fr., débitrice de 20,000 fr.; calcul fait, elle est créancière de 30,000 fr., elle prend les 10,000 fr. de la communauté et les 20,000 fr. que doit le mari. Supposons même qu'on ait annulé les deux dettes de 20,000 fr. avant de liquider la créance de la femme : elle se présente comme créancière de 50,000 fr., elle prend les 10,000 fr., mais quand elle demandera 40,000 fr. au mari, celui-ci lui répondra : Mais vous avez déjà 20,000 fr. en annulation, il faut compter ces 20,000 fr.

98. Nous arrivons ainsi à la liquidation des droits de la femme et à la reconstitution d'un patrimoine formé de ses biens propres et de sa part dans la communauté, et ce patrimoine est désormais pour la pleine propriété, sans distinction de date ou d'origine des créances, le gage de ses créanciers personnels.

99. Mais la femme, en acceptant la communauté, fait siennes pour moitié les dettes qui grèvent cette communauté, de quelque manière qu'elles aient pu prendre naissance. Les créanciers personnels de la femme vont donc avoir à subir le concours des créanciers de la communauté, pour la moitié des créances de ceux-ci, non-seulement sur la part que la femme a prise dans la communauté, mais encore sur tout l'ensemble de ses biens personnels. L'origine différente de leurs créances n'établit plus entre eux aucune distinction (art. 1482).

100. Mais ici apparaît une nouvelle faveur que la loi accorde à la femme, sous la seule condition de faire bon et fidèle inventaire dans le délai de trois mois, date de la dissolution. Armée de cet inventaire, la femme l'opposera aux créanciers de la communauté, devenus pour moitié les siens par son acceptation, et elle limitera leurs poursuites à l'étendue de son émolument. Il semblerait résulter de là que la situation de la femme qui a fait inventaire est identiquement la même que celle de l'héritier bénéficiaire; il y a au contraire entre eux une profonde différence. La femme ne conserve pas sa part de communauté comme un patrimoine distinct, non; elle se confond dans ses mains avec ses biens personnels pour former un seul tout dont la femme a la propriété, et dont elle peut

disposer. Elle reste, malgré son bénéfice d'inventaire, la débitrice personnelle des créanciers qui peuvent la poursuivre sur tout l'ensemble de ses biens; seulement le *quantum* de son obligation est limité, et, quelles que soient les variations dans la valeur des biens, irrévocablement fixée. La femme tenue *propter rem* quoique sur tous ses biens serait admise à faire aux créanciers de la communauté l'abandon de sa part dans cette communauté (M. Duverger, à son cours). Nous aurons donc encore ici sur tout l'ensemble du patrimoine de la femme, le concours de ses créanciers personnels et des créanciers de la communauté jusqu'à ce que ces derniers aient obtenu une somme égale à la valeur de son émolument. Or cet émolument comprend tout ce que la femme a tiré de la communauté, non pas, bien entendu, les sommes ou objets qu'elle a retirés à titre de reprises ou qu'elle a prélevés en acquit des indemnités que lui devait le fonds commun, ce qui constitue des propres, mais la moitié à elle échue après les prélèvements et aussi, comme nous l'avons dit, la libération des sommes qu'elle pouvait devoir à la communauté, et qu'elle a payées par voie de compensation ou d'annulation, ou en les précomptant sur sa part. Il faut y comprendre encore les fruits et revenus que la femme a perçus des objets tombés dans son lot, et pour fixer l'importance de ces biens, on les estime d'après leur état et leur valeur au moment du partage. Si les créanciers prétendent trop faible l'estimation portée à l'inventaire, ils ont le droit d'en exiger une nouvelle.

Voilà quelles sont, à l'égard des créanciers communs,

les limites de l'obligation de la femme qui a fait inventaire. Par analogie de l'art. 808, la femme est autorisée à payer les créanciers à mesure qu'ils se présentent, à moins que l'un ou l'autre d'entre eux n'ait formé opposition entre ses mains en demandant que son émolument de communauté soit réparti entre tous au marc le franc de leurs créances. Mais il faut remarquer que si la femme avait, sans faire de réserves, payé au delà de cette limite ou au delà de sa moitié, quand elle accepte purement et simplement, elle n'aurait pas de répétition contre le créancier pour l'excédant, et ses créanciers personnels frustrés dans leurs droits n'auraient que la ressource de l'action paulienne. La femme pourrait encore avoir à payer au delà de sa part ou de son émolument, si la dette était indivisible ou si elle était garantie par une hypothèque frappant sur un immeuble conquêt mis dans son lot : c'est que l'effet déclaratif du partage qui fait considérer la femme comme tenant le bien, non pas de la communauté, mais de celui de qui il a été acquis, ne peut pas anéantir une hypothèque concédée par le mari en vertu des pouvoirs qu'il tient de sa femme elle-même. Si au contraire il s'agissait d'une hypothèque générale frappant les biens présents et à venir et à laquelle le mari aurait été soumis dès avant son mariage, cette hypothèque, après s'être appesantie sur les conquêts, par suite de l'effet déclaratif du partage, s'effacerait de ceux mis dans le lot de la femme, pourvu toutefois que la dette garantie par cette hypothèque générale ne fût pas une dette mobilière, mais une dette ne tombant pas en communauté, par exemple une dette immobilière (Pothier. n° 753; Troplong, 3, 1676). Du reste, la femme qui aurait dû payer au delà de sa part aurait un recours à exercer contre son mari.

101. Ainsi donc, après son acceptation, la femme a deux catégories de créanciers, ses créanciers personnels et les créanciers de la communauté, devenus, par le fait de son acceptation ses créanciers pour moitié.

Mais tandis qu'à ces derniers la femme peut, comme nous l'avons dit, opposer son émolument, elle ne peut jamais se prévaloir de ce bénéfice contre ses créanciers personnels, alors même que ceux-ci avaient traité avec elle dans des conditions telles qu'ils étaient devenus créanciers de la communauté (art. 1486), et non-seulement elle ne peut leur opposer son émolument, mais encore elle est tenue envers eux pour le tout. Tels sont les créanciers antérieurs à son mariage, dont les créances sont mobilières, les créanciers des successions ou donations mobilières à elle échues durant la communauté, ceux avec qui elle a traité seule, autorisée de son mari quoique dans l'intérêt de la communauté, ceux qui ont contracté avec elle autorisée de justice dans les cas exceptionnels prévus par l'art. 1427, enfin ceux envers qui elle s'est obligée solidairement avec son mari également dans l'intérêt de la communauté.

102. A côté de ces créanciers que nous venons d'énumérer et qui, en même temps que la femme, ont pour débitrice la communauté, il en est d'autres qui, ayant aussi la femme pour obligée personnelle, ne sont pas, comme eux, devenus créanciers de la communauté.

Tels sont les créanciers antérieurs au mariage dont les créances sont immobilières, les créanciers des successions ou donations immobilières échues à la femme durant la communauté, ceux qui ont traité avec elle autorisée, non pas de son mari, mais de justice, hors les cas de l'art. 1427, ou encore ceux envers qui elle s'est obligée par ses délits ou ses quasi-délits. Sans doute les uns et les autres peuvent maintenant poursuivre la femme pour le tout et sur la pleine propriété de tous ses biens; mais tandis que là s'arrête le droit des seconds, les premiers peuvent en outre, pour la moitié de leurs créances, poursuivre le mari en sa qualité d'époux commun.

103. En serait-il ainsi, le mari serait-il tenu pour moitié des dettes de sa femme tombées en communauté, alors même qu'elles n'y seraient tombées qu'à charge de récompense ? Il semblerait à première vue qu'une pareille dette ne peut être poursuivie contre la communauté que tant qu'elle dure et que la communauté n'existant plus, il n'y a plus lieu de considérer cette dette comme commune. Par exemple, la femme avant son mariage avait acheté un immeuble : sa dette était tombée en communauté en ce sens que le vendeur pouvait poursuivre la femme, la communauté et le mari ; la communauté dissoute, le vendeur peut-il seulement poursuivre la femme ou peut-il encore s'adresser au mari au moins pour moitié ? Pour soutenir que la femme seule peut être poursuivie, on pourrait dire que si la communauté demeure tenue, même après la dissolution, quand la dette tombe en communauté sans récompense, c'est que le conjoint a le droit d'exi-

ger que la dette reste à la charge de la communauté et que ses créanciers, en vertu de 1166, le peuvent comme lui. Mais ce serait-là une subtilité, et il faut dire sans hésiter que la dette reste commune. L'art. 1409 met toutes les dettes mobilières à la charge de la communauté. L'art. 1482 ne fait non plus aucune distinction. Le contrat de mariage ne peut nuire au créancier, mais il peut lui profiter par suite de conventions qui font la communauté débitrice. Or, comment la dissolution du mariage enlèverait-elle au créancier ce débiteur nouveau que lui a donné le contrat? Les questions de récompenses ne concernent que les rapports des époux entre eux; elles sont étrangères à leurs relations avec les créanciers.

104. Ainsi donc, qu'elles donnent ou non lieu à récompense, les dettes de la femme tombées en communauté doivent être supportées pour moitié par le mari. Toutefois il y a doute pour une catégorie de dettes pour lesquelles on se demande si le mari ne pourrait pas être poursuivi pour le tout comme en étant tenu personnellement : il s'agit des dettes contractées par la femme avec son autorisation et, parmi elles, des dettes contractées par la femme marchande publique, ou par la femme autorisée de justice dans le cas de l'art. 1427. Une première opinion se fondant sur la combinaison de l'art. 1484 avec les art. 1409-2°, 1419 et 1426, enseigne que le mari est, dans ces hypothèses, personnellement obligé et tenu pour le tout, parce qu'il s'agit de dettes contractées dans son intérêt ou parce qu'il est censé avoir été représenté par la femme. (Aub. et Rau. 4, § 520, note 2; Rodière et Pont, 1,

855, Troplong 3, 1781). Une opinion contraire soutient que le mari ne doit être tenu que comme commun (Marcadé, art. 1485 et 1486, nos 1 et 2). Ici reparaît tout l'intérêt de la question de savoir si le mari n'est tenu que parce que la communauté est obligée, ou si au contraire c'est la communauté qui n'est tenue que parce que le mari est obligé. Dans ce dernier cas la communauté serait obligée du chef du mari, parce que les tiers auraient suivi sa foi. Mais on peut répondre que l'art. 1418 a eu pour but de dispenser les tiers de prouver que l'affaire était dans l'intérêt de la communauté. L'ancien droit ne fournit pas de renseignement bien précis, car il est invoqué dans les deux sens. Pothier ne pose pas la question ; après avoir dit aux numéros 727 et 728 que le mari est tenu pour le tout des dettes à lui personnelles, antérieures au mariage ou grevant les successions à lui échues et tombées en communauté, il ajoute au n° 729 que quant aux dettes qu'il a contractées pendant le mariage il y a eu doute, et il résout la question comme le Code en le déclarant également tenu de ces dettes pour la totalité. Il prévoit ensuite le cas où le mari s'est obligé conjointement, et pour cette hypothèse il donne encore la même solution. Passant alors aux dettes de communauté procédant du chef de la femme (n° 730), Pothier ne parle que des dettes antérieures au mariage ou grevant les successions échues pendant la communauté, et il décide que le mari n'en est débiteur que pour moitié. Voilà donc deux énumérations, l'une des dettes dont le mari est tenu pour le tout, et le second système fait remarquer que les dettes contractées par la femme autorisée de son mari n'y sont pas comprises; l'autre, des dettes dont le mari n'est tenu que pour moitié, et le premier système y relève l'omission de ces mêmes dettes contractées par la femme avec l'autorisation de son mari. La vérité est que ces deux énumérations se détruisent.

Les travaux préparatoires invoqués ensuite fournissent encore aux deux opinions des armes égales. Le projet était conforme à nos articles, mais le Tribunat fit sur l'art. 1484 des observations qui tranchaient la question. Il proposait de supprimer les mots *par lui contractées*, « parce qu'il y a des dettes qui ne sont pas moins à la charge de la communauté, quoique le mari ne les ait pas contractées personnellement, telles que celles qui auraient été contractées par la femme marchande publique. » (Fenêt, 13, p. 614.) Le principe posé était donc que le mari était tenu pour le tout des dettes de communauté, sauf les exceptions écrites dans l'art. 1485. Dans cet art. 1485, le Tribunat énumérait limitativement les dettes de communauté dont le mari n'aurait été tenu que pour moitié, et cette énumération reproduisait justement celle que fait Pothier dans son n° 730, et qu'invoque la première opinion, dettes de la femme antérieures au mariage, dettes grevant les successions et donations à elle échues pendant le mariage. Pour les dettes contractées par la femme marchande publique, ou par la femme autorisée du mari ou de justice dans le cas de l'art. 1427, le mari en aurait été tenu pour le tout. Malgré ces observations le projet ne fut pas modifié, et il n'y a pas trace de discussions ultérieures auxquelles elles auraient donné lieu dans le conseil d'État. Pourquoi ces observations n'ont-elles pas été admises ? Parce qu'on a voulu consacrer une doctrine contraire aux idées émises par le Tribunat, dit le deuxième système; parce qu'il va de soi que l'on doit considérer comme contractées par le mari lui-même les dettes qui l'ont été par la femme avec son autorisation, répond la première opinion. La question n'a guère avancé. Il faut pourtant se décider. J'incline à penser que le mari ne doit être tenu que comme commun, c'est-à-dire pour moitié. C'est d'abord le sens le plus naturel à donner au rejet des observations du Tribunat. En outre, nous voyons dans Pothier qu'on avait hésité à permettre de poursuivre le mari pour le tout, même pour les dettes qu'il aurait contractées lui-même personnellement (n° 729) ; si l'on a hésité sur ce point, n'est-on pas porté à croire qu'on n'aurait pas déclaré le mari débiteur de la totalité des dettes qu'il aurait, non pas contractées, mais seulement autorisées. Il faut remarquer de plus que la solution qui sera donnée pour le cas où le mari a autorisé sa femme, devra également être donnée dans l'hypothèse de l'art. 1427 où la femme a obligé la communauté avec l'autorisation de la justice qui tient lieu de celle du mari, et les expressions *par lui contractées* de l'art. 1484 devront s'appliquer aux engagements pris ainsi par la femme. Or ici le mari n'est pas intervenu, comment serait-il tenu autrement que comme commun ? L'art. 1427 autorise à penser que dans le cas de l'art. 1410 ce n'est pas la communauté qui est tenue parce que le mari est obligé, mais bien le mari qui est tenu parce que la communauté est engagée. L'opinion contraire prétend que l'autorisation donnée par le mari comme chef de la communauté l'engage comme s'il avait contracté personnellement, et que par suite il est tenu des dettes dont il s'agit, en vertu d'un fait qui lui est personnel; mais personne ne doute que le mari n'est tenu que pour moitié des dettes des successions mobilières qu'il a autorisé la femme à accepter et cependant ici aussi il y a un fait personnel au mari : c'est un cas d'application de l'art. 1410, la femme a quasi-contracté ces dettes avec l'autorisation du mari. Décider pour ces dettes autrement que pour les autres, ce serait établir une différence qui ne se justifierait pas, (MM. Valette et Duverger, à leur cours).

105. Ainsi donc le mari n'est jamais tenu que pour moitié des dettes personnelles à la femme qui sont tombées en communauté, et il en est ainsi alors même que les biens de la femme sont insuffisants pour acquitter l'autre moitié. Cette règle est cependant sujette à modification; dans quel cas? Le voici : la femme, avant ou pendant son mariage, a contracté une dette qui est devenue dette de la communauté. Tant que celle-ci a duré, le créancier aurait pu la poursuivre; après sa dissolution, il peut poursuivre la femme pour la totalité, le mari pour la moitié de sa dette. La femme a fait inventaire : dans cette situation, si la femme avait payé la dette entière, elle aurait un recours contre son mari pour tout ce qui excède son émolument. On l'a contesté en se fondant sur le texte de l'art 1486 qui ne donne le recours que *pour la moitié de la dite dette* (Duvergier sur Toullier, 13, 241,

note *a*). L'objection se comprendrait si cet article seul parlait de recours pour moitié; on pourrait croire alors que quelque chose de particulier motive l'exception au principe de l'art. 1483. Mais quand partout la loi emploie la même formule de langage, il faudrait, si l'objection était vraie, arriver à dire que le bénéfice d'inventaire ne produira son effet nulle part. Il reste donc évident que si la femme avait payé la dette entière, dans l'exemple cité plus haut, elle aurait, suivant le 2° de l'art. 1490, recours contre son mari pour ce qu'elle aurait payé de trop, c'est-à-dire pour tout ce qui excède son émolument. Je suppose que le créancier s'est déjà fait payer par le mari la moitié de la dette, et il se trouve en présence d'une femme complétement insolvable; pourra-t-il demander au mari qui est solvable tout ce qui excède l'émolument de la femme? La plupart des auteurs lui accordent facilement ce droit en vertu de l'art. 1166; mais alors ce créancier aura à subir le concours des autres créanciers de la femme qui ne sont pas en même temps créanciers de la communauté. Ne faut-il pas aller plus loin et donner à ce créancier une action directe contre le mari sans l'obliger à prendre le détour de l'art. 1166? Pothier, dans son n° 730, semble regarder comme une chose toute naturelle cette action directe du créancier contre le mari pour tout ce qui excède l'émolument de la femme. Mais l'objection à la doctrine de Pothier est l'art. 1485 qui pose en termes absolus que le mari n'est tenu que pour moitié des dettes de communauté provenant du chef de sa femme. Des auteurs cependant se rangent à l'opinion de Pothier en faisant remarquer que l'art. 1485 doit être expliqué par le but que l'on s'est proposé en l'écrivant. Or le but de cet article a été d'exprimer que le mari ne serait tenu de certaines dettes qu'en sa qualité d'époux commun. Pour indiquer cette idée, le législateur a employé ces mots : « Il n'est tenu que pour moitié; » mais toutes les fois que le mari peut être poursuivi en sa qualité d'époux commun, il faut faire intervenir l'art. 1483 qui déclare le mari tenu pour plus de moitié quand l'émolument de la femme est inférieur à la moitié. Sans méconnaître tout ce que cette opinion a de sérieux par elle-même et tout ce que lui prête de force la doctrine de Pothier, je crois qu'il faut se contenter d'accorder aux créanciers de la femme l'action indirecte qui naît de l'art. 1166. La raison en est que la femme ne peut opposer à ses propres créanciers la disposition de l'art. 1483 et le bénéfice qu'il lui procure : on ne voit pas dès lors comment ceux-ci pourraient s'en faire une arme pour agir directement contre le mari (Aub. et Rau, 4, § 520, note 5; Marcadé, art. 1485 et 1486, n° 2).

106. Mais tandis que tout à l'heure on contestait à la femme, qui, ayant fait inventaire, avait payé la totalité d'une dette de communauté provenant de son chef, le droit de recourir contre son mari pour tout ce qu'elle avait déboursé au delà de son émolument, voici que se présente une opinion diamétralement contraire et qui accorde à la femme ce recours contre le mari, alors même qu'elle a négligé de faire inventaire. Sans doute, dit-on, l'inventaire est nécessaire vis-à-vis des créanciers pour que la femme puisse leur opposer

le bénéfice de l'art. 1483, mais il ne l'est point vis-à-vis du mari ou de ses représentants parce que l'acte de partage est un titre qui justifie aussi bien que l'inventaire ce que la femme ou ses héritiers ont amendé des biens de la communauté (Troplong, 3, 1750 et 1751; Pont et Rodière, 1, 802), et c'est une preuve que le mari ne peut désavouer, puisqu'elle résulte d'un acte auquel il a été partie. Cette opinion, qui a pour elle l'autorité si grave de Pothier (n° 745), ne saurait cependant prévaloir devant un texte aussi précis que celui de l'art. 1483, qui exige l'inventaire pour que le bénéfice existe soit à l'égard du mari, soit à l'égard des créanciers. C'est ainsi que l'a décidé la Cour suprême le 24 mars 1828, en rejetant le pourvoi formé contre un arrêt de la Cour de Douai. Si donc la femme n'avait pas fait d'inventaire ou si elle avait diverti ou recélé quelques objets de la communauté, elle serait déchue de son bénéfice aussi bien par rapport au mari ou à ses représentants que par rapport aux créanciers, et elle devrait contribuer aux dettes pour moitié, alors même que son émolument serait moindre que cette moitié des dettes (Marcadé, art. 1482-1490, n° 11). De plus, si la femme avait diverti ou recélé des objets de la communauté, ces objets seraient attribués au mari à titre particulier sans que cette attribution engendrât pour lui aucune obligation de contribuer aux dettes proportionnellement à la valeur de ces objets (Aub. et Rau, 4, p. 370, note 25).

107. Après les règles que nous venons d'étudier, l'art. 1487 paraît n'avoir aucune utilité. Il suppose que le mari et la femme se sont obligés conjointement

pour une affaire qui concernait la communauté, et il a pour but de dire que la femme ne sera tenue que pour moitié, et ici sans que la femme puisse opposer aux créanciers le bénéfice de l'art. 1483. Cela avait à peine besoin d'être dit. Mais l'art 1487 a moins de valeur par la décision qu'il donne que par celle qu'il fait tirer par *a contrario*, à savoir que le mari, dans ce cas, pourra être poursuivi pour le tout. C'est aussi ce que décide Pothier au n° 720 : la raison est, dit-il, que lorsqu'on fait intervenir une femme à l'obligation du mari, l'intention des parties est de procurer une plus grande sûreté au créancier, plutôt que de partager et diminuer l'obligation du mari. Si, au contraire, la femme s'était obligée solidairement avec son mari, elle pourrait être poursuivie pour le tout, car ce n'est qu'à l'égard du mari que la femme est considérée comme caution (art. 1431). Cet article crée donc à la femme une situation différente vis-à-vis du créancier et vis-à-vis du mari. Mais cette situation, quelle est-elle précisément vis-à-vis du mari ? C'est ce qu'il n'est pas facile de déterminer. Une première opinion ne voit dans l'art. 1431 qu'une dérogation à l'art. 1216, d'après lequel la dette contractée solidairement par plusieurs débiteurs est présumée contractée dans l'intérêt de tous. Mais tandis que, selon les uns, la présomption de l'art. 1431 est que la dette est contractée dans l'intérêt exclusif du mari, jusqu'à preuve par lui faite du contraire (Pont et Rodière, 1, 607), selon d'autres, la présomption serait seulement que la dette a été contractée dans un but d'intérêt commun, et ce serait à la femme à prouver l'intérêt personnel et exclusif du mari (Marcadé, art. 1431, n° 1). Une deuxième opinion donne à l'art. 1431 une interprétation plus simple ; les art. 1431, 1432, 1433 n'auraient d'autre objet que de donner des exemples de récompenses : dans 1431 c'est la récompense due par le mari à la femme, dans 1432 la récompense due par la femme au mari, dans 1433 la récompense due par la communauté à l'un des conjoints. Ces articles ne tranchent pas la question de principes sur la cause de la récompense ; c'est ainsi que nous avons reconnu qu'il ne fallait pas tirer de l'art. 1432 un argument *a contrario*. L'art. 1431 a simplement voulu dire ceci : Quand la femme se sera obligée pour une affaire qui intéresse le mari ou la communauté et que, poursuivie, elle aura payé le tout, elle aura droit à récompense : mais on n'a pas dit quelle serait la preuve à faire, on suppose même qu'elle doit être faite (M. Valette, à son cours). Les deux systèmes diffèrent donc quant à la preuve qu'ils imposent à la femme qui a payé le créancier solidaire ; mais dans l'un comme dans l'autre, tantôt la femme n'aura aucun recours quand la dette était dans son intérêt exclusif, tantôt elle aura un recours pour moitié contre le mari quand l'affaire concernait personnellement les deux époux (Lyon, 11 juin 1833, aff. Blanchin), tantôt enfin un recours pour le tout, soit contre la communauté si c'est elle que l'obligation intéressait, soit contre le mari si c'est dans son intérêt unique qu'elle avait été contractée. Il faut d'ailleurs remarquer que la femme est toujours considérée comme caution vis-à-vis du mari, alors même que la dette solidaire concerne la communauté ; l'utilité de cette situation se présente pour la femme quand l'actif de la communauté est inférieur au chiffre de la récompense due. Cette qualité de simple caution que notre article lui donne vis-à-vis du mari la rendant créancière contre la communauté pour la totalité de la dette, elle pourra, après avoir pris tout ce qui compose l'actif du fonds commun, recourir pour le surplus contre les biens personnels du mari, tenu pour le tout des dettes de la communauté, et sur ses biens personnels, nonobstant l'insuffisance des biens communs (Marcadé, art. 1431, n° 1).

108. Ajoutons, parce que cela importe aux créanciers personnels de la femme, que les règles établies au titre des successions sur les formes du partage, la garantie qui en résulte et le payement des soultes s'appliquent également au partage de la communauté. On doit aussi y appliquer les règles sur la rescision des partages de succession ainsi que la disposition de l'art. 2205 sur la saisie des biens indivis entre cohéritiers.

109. Enfin les créanciers de la femme comme ceux du mari peuvent, pour éviter que le partage de la communauté ne soit fait en fraude de leurs droits, s'opposer à ce qu'il y soit procédé hors de leur présence et y intervenir à leurs frais. Ils pourraient même, à défaut d'opposition, prouver que l'acte de partage qu'on leur oppose n'a rien de sérieux ou qu'il a été antidaté, et que ce n'est que postérieurement à leur intervention que le partage a été réellement terminé. Mais nous ne pensons pas, malgré la doctrine contraire de plusieurs arrêts, qu'ils puissent attaquer

un partage consommé sans opposition de leur part, lors même qu'il aurait été le résultat d'un concert frauduleux entre les époux ou leurs héritiers ; l'art. 882 est absolu et ne fait aucune distinction (Marcadé, art. 882, n° 1. — *Contra*, Aub. et Rau, 4, § 519).

110. En résumé, nous pouvons maintenant dresser le tableau suivant des différentes catégories de dettes dont la femme est tenue et des droits qui en résultent pour ses créanciers.

1° Les dettes personnelles de la femme qui ne sont pas tombées en communauté, peuvent se poursuivre contre la femme pour le tout et sur tout l'ensemble de son patrimoine.

2° Les dettes communes provenant de la femme peuvent se poursuivre contre elle pour le tout, et de plus contre le mari pour moitié.

La femme qui a payé le tout a recours contre son mari pour moitié ou pour tout ce qui excède son émolument.

3° La femme est tenue pour moitié ou dans la mesure de son émolument, des dettes communes provenant du mari, et le mari qui a payé le tout a recours contre elle soit pour moitié, soit pour moins de moitié, dans la mesure de l'émolument.

4° Les dettes contractées par les deux époux conjointement se poursuivent contre le mari pour le tout, contre la femme pour moitié, sauf recours soit du mari pour moitié ou pour moins de moitié et dans la mesure de l'émolument, soit de la femme pour la différence entre son émolument et la moitié.

5° Enfin les dettes contractées solidairement et celles

qui, payables pour le tout par l'un des époux, grèvent hypothécairement un immeuble échu au lot de l'autre, se poursuivent pour le tout contre chacun, sauf recours, soit du mari pour moitié ou pour moins de moitié dans la mesure de l'émolument de la femme, soit de celle-ci pour moitié ou au delà de cette moitié pour l'excédant de son émolument.

DEUXIÈME CAS. — *La femme renonce à la communauté.*

111. Nous savons déjà que les créanciers de la femme auraient, à son défaut, le droit de renoncer, parce que ce droit n'est pas exclusivement attaché à sa personne, et qu'une renonciation frauduleuse de la femme donnerait pour eux naissance à l'action Paulienne. Nous ajouterons que la renonciation doit être précédée d'un inventaire fait dans le délai de trois mois, et qu'elle ne peut avoir lieu qu'en vertu d'une déclaration expresse faite au greffe, sauf le cas de séparation soit de biens, soit de corps et de biens, où la seule expiration du délai de trois mois et quarante jours fait présumer la renonciation. La femme perd le droit de renoncer en faisant des actes d'acceptation et aussi en se rendant coupable de détournement ou de recel d'objets de la communauté. Mais si la femme poursuivie par un créancier de la communauté était condamnée comme commune, il n'y aurait chose jugée qu'à l'égard de l'objet pour lequel et de la personne envers qui elle aurait été condamnée; à l'égard de tout autre créancier la déchéance ne serait pas encourue. On voit que l'art. 800 ne s'applique pas ici, mais bien l'art. 1351.

Voyons maintenant quelles sont, à l'égard des créanciers de la femme, les conséquences de la renonciation.

112. En renonçant à la communauté, la femme perd toute espèce de droits sur les objets qui en dépendent et même sur le mobilier qui y est entré de son chef (art. 1492). Elle peut seulement retirer les linges et hardes à son usage. Toutefois, si une rente viagère avait été acquise durant la communauté au moyen d'un conquêt, et stipulée réversible sur la tête du survivant des époux, la renonciation de la femme ne la priverait pas du bénéfice de cette rente, sauf la récompense qu'elle pourrait devoir à la communauté (Req. rej., 15 mai 1844 ; Sir., 44, 2. 409).

113. Du reste, la femme qui renonce, nous l'avons dit, peut, comme celle qui accepte, exercer toutes ses reprises. Ainsi elle reprendra ses immeubles propres et ceux acquis en remploi, les valeurs mobilières qui lui seraient demeurées propres comme une créance contre l'acheteur encore débiteur du prix d'un de ses immeubles ; elle a le droit de poursuivre contre le mari les récompenses ou indemnités qui peuvent lui être dues par la communauté, et les fruits de ces objets et les intérêts de ces récompenses ou indemnités lui sont dus de plein droit à partir de la dissolution (art. 1473).

114. Étrangère désormais à la communauté, la femme est complétement déchargée de toute obligation de payer les dettes de communauté auxquelles elle n'est pas personnellement obligée. Pour celles au contraire qui proviennent de son chef, telles que ses dettes antérieures au mariage, celles qui grevaient les successions mobilières à elle échues, celles qu'elle a contractées avec l'autorisation du mari ou de la justice dans les cas indiqués par l'art. 1427, la femme reste personnellement obligée; ses créanciers peuvent la poursuivre pour le tout, mais après avoir payé, elle a un recours contre le mari, pour le montant de ce qu'elle a déboursé. Elle peut même, avant toutes poursuites, demander que l'on comprenne dans la liquidation de ses droits une somme égale à celle pour laquelle elle est exposée à être poursuivie à raison des dettes qu'elle a contractées avec son mari, en offrant de consigner cette somme pour le compte de ce dernier. Il pourrait se faire toutefois que la femme, ayant payé une dette de communauté, n'eût pas de recours à exercer contre son mari : c'est le cas où la dette provenant de son chef n'était tombée dans la communauté qu'à charge de récompense.

115. La femme renonçante reste aussi débitrice envers le mari des récompenses et indemnités qu'elle peut devoir à la communauté, et ce avec intérêts à partir de la dissolution.

116. Ainsi donc, après la renonciation, il n'y a plus à distinguer qu'entre deux classes de créanciers de la femme, ceux qui en même temps que créanciers personnels sont créanciers de la communauté et ceux qui n'ont que la première qualité. Les premiers peuvent demander la totalité de leurs créances soit à la femme, soit au mari directement; les seconds n'ont d'action que contre la femme et ce n'est qu'indirectement, en vertu de l'art. 1166, qu'ils pourront atteindre le mari dans les cas où la femme a un recours contre lui.

DEUXIÈME PARTIE.

COMMUNAUTÉ CONVENTIONNELLE.

117. La communauté conventionnelle n'étant que la communauté légale modifiée par les conventions des parties, il peut y avoir autant de communautés conventionnelles qu'il y a de modifications possibles à la communauté légale. Devant le principe de la liberté presque complète des conventions matrimoniales, le législateur ne pouvait prévoir toutes les dérogations que les parties apporteraient au droit commun de la communauté; aussi s'est-il contenté de tracer les règles de quelques-uns des régimes qui lui paraissaient devoir être les plus usités. Les uns ont pour but de restreindre ou d'étendre la communauté légale, les autres d'en modifier les effets.

I. Clauses restrictives de la communauté légale.

1. COMMUNAUTÉ RÉDUITE AUX ACQUÊTS.

118. Sous ce régime comme sous celui de la communauté légale, nous trouvons trois patrimoines distincts, le patrimoine propre du mari, celui de la femme et celui de la communauté; la différence consiste dans la composition active et passive de ce dernier. En effet, la communauté réduite aux acquêts n'a pour actif que les fruits des propres et le produit de l'industrie des époux.

110. Ce n'est plus seulement les immeubles, mais aussi les meubles que les époux possédaient au jour de la célébration, les meubles qui leur arrivent pendant le mariage par successions ou donations, qui composent leur patrimoine personnel. Il en résulte que chacun d'eux profite de l'augmentation de valeur que les objets mobiliers à lui appartenant peuvent recevoir, et demeure, d'un autre côté, chargé des risques de perte ou de dépréciation auxquels ils sont exposés. Toutefois cette manière d'entendre la propriété des époux, quant aux objets mobiliers, n'est pas admise par tout le monde. Des auteurs qui ont pour eux l'opinion de Pothier, distinguent entre les propres réels et les meubles réalisés ou propres conventionnels, et enseignent que la propriété de ces derniers est transférée à la communauté contre laquelle l'époux, du chef duquel ils proviennent, n'a qu'une créance pour exercer, à la dissolution, la reprise de leur valeur. Cette doctrine, qui fait de ces objets mobiliers ,non plus des propres mais des biens de communauté sauf récompense doit être repoussée malgré l'autorité de Pothier. En l'absence de textes spéciaux sur les droits de la communauté quant à ces meubles, il faut appliquer les règles de l'usufruit ; or le droit commun est que l'usufruitier même de meubles n'en devient pas propriétaire, à moins qu'il ne s'agisse de biens qui se consomment *primo usu*. En vain invoque-t-on à l'appui de l'opinion contraire l'art. 1503 qui ne donne au conjoint qu'une reprise de la valeur des meubles dont il est propriétaire ; cet article ne concerne que la clause d'apport où le conjoint met son mobilier en masse dans

la communauté jusqu'à concurrence d'une certaine somme, se réservant le reste en propre : la masse entière du mobilier tombe alors en communauté et la propriété du conjoint n'est pas individualisée. Cet argument est donc ici sans force.

120. Mais quels seront les pouvoirs du mari sur les propres mobiliers de la femme? Ici la première opinion se divise. Les uns, tout en reconnaissant que la femme conserve la propriété de ses meubles, qu'elle a le droit de les reprendre en nature, donnent cependant au mari le droit d'en disposer, de les aliéner ou de les céder sans son consentement. On se fonde pour le décider ainsi sur l'art. 1428 qui, en accordant au mari le droit d'exercer seul toutes les actions mobilières qui appartiennent à la femme, et en ne faisant porter que sur les immeubles l'interdiction de les aliéner sans son consentement, lui reconnaît implicitement le pouvoir d'aliéner ses meubles sans son concours. On fait remarquer que le silence de l'art. 1428, qui concerne les meubles de la femme, ne vient pas de ce que, sous le régime de la communauté légale, le législateur n'avait pas à s'en occuper, puisqu'il peut y avoir sous le régime de la communauté légale pure des meubles dont les époux conservent la propriété, et c'est même dans cette supposition que l'art. 1428 donne au mari le droit d'exercer seul toutes les actions mobilières de la femme, c'est-à-dire toutes les actions relatives aux meubles dont elle conserve la propriété. Or l'art. 1528 appliquant à la communauté conventionnelle toutes les règles de la communauté légale auxquelles il n'a pas été dérogé, il faut donc appliquer

l'art. 1428 à la communauté d'acquêts (Aub. et Rau, 4, § 522, note 20). Mais l'argument qu'on tire ainsi de l'art. 1428 par *a contrario* est un argument qui écarte des principes, à savoir que celui qui n'a que les pouvoirs d'un administrateur ne peut aliéner. Or quand un texte contient une application d'un principe général, au lieu d'en tirer un argument *a contrario*, il faut en tirer un argument *a simili*. Ce raisonnement est encore fortifié par la considération que sous le régime de communauté légale la loi ne s'occupe pas des meubles propres. Il y a même plus : le législateur ne pouvait pas dire dans l'art. 1428 que le mari ne pourrait aliéner les meubles propres de sa femme sans son autorisation, sa proposition aurait été trop absolue : nous reconnaissons en effet nous-même que souvent le droit d'administrer des meubles emporte celui de les aliéner, par exemple quand il s'agit de meubles qui par leur nature se consomment *primo usu* ou sont sujets à se détériorer. On objecte que le mari a les actions mobilières; mais le tuteur aussi a l'exercice de ces actions, et cependant il n'a pas le droit d'aliéner le mobilier. La jurisprudence n'a pas eu à se prononcer sur l'aliénation des meubles corporels, mais elle a interdit au mari le transport des créances (Paris, 3 janvier 1852; Sir., 52, 2, 133). Sans doute les tiers acquéreurs seront protégés par la prescription instantanée de l'art. 2270, mais ce sera seulement à la condition d'être de bonne foi (1141), et les créanciers de la femme pourront comme la femme elle-même s'opposer à ce que le mari livre les objets dont elle a conservé la propriété, s'il les a vendus sans son consentement, et s'opposer à la saisie qu'en feraient les créanciers du mari.

121. La composition de la communauté d'acquêts, en ce qui concerne son actif, réfléchit nécessairement sur la composition de son passif, car on ne peut exclure de cette communauté le mobilier présent et celui provenant de donations ou de successions qu'en excluant en même temps les dettes antérieures au mariage, et celles qui grèvent les donations faites ou les successions échues pendant le mariage. Il ne reste donc à la charge du passif de la communauté que les dettes contractées par les époux pendant le mariage; celles-là ne sauraient évidemment être comprises dans ces *dettes futures*, dont parle l'art. 1498. Nous nous occuperons successivement de ces trois sortes de dettes, en tant qu'elles sont à la charge de la femme.

122. Toutes les dettes de la femme antérieures au mariage lui restent propres. Mais quel sera le gage de ses créanciers? Il y a des distinctions à faire. Si ces dettes de la femme ont date certaine antérieure au mariage, et si de plus le mobilier qu'elle a apporté ou qui lui est échu a été constaté par un inventaire ou état authentique, cet inventaire ou état restreint à ses biens personnels, meubles et immeubles, le droit de poursuite de ses créanciers. — Mais en l'absence d'un pareil inventaire ou état, ils seront de plus admis à exercer leurs poursuites sur les biens de la communauté, et même sur le mobilier non inventorié du mari (art. 1510, al. 2 et 3).

123. Mais que décider si les créanciers de la femme n'ont pas date certaine antérieure au mariage?

L'art. 1410, qui n'est qu'une application du principe général de l'art. 1328, d'après lequel les actes sous seing privé qui n'ont pas date certaine ne sont pas opposables aux tiers, met la communauté, qui est un tiers dans le sens de l'art. 1328, à l'abri des poursuites de ces créanciers de la femme. Si donc il y a eu inventaire ou état authentique constatant le mobilier de la femme, ces créanciers ne pourront poursuivre les biens propres meubles et immeubles de la femme qu'à la condition de respecter la jouissance de la communauté. S'il n'y a eu ni inventaire ni état authentique, ils pourront poursuivre, pour la nue propriété seulement, les immeubles de la femme, mais sans pouvoir atteindre son mobilier ; le défaut d'inventaire, en effet, a laissé ce mobilier se confondre dans celui de la communauté, et comme, vis-à-vis de la communauté, les créanciers de la femme sans date certaine antérieure au mariage sont absolument sans droits, ils ne peuvent la poursuivre, et tout se passe pour eux comme si le régime adopté par les époux était celui de la communauté légale.

124. Pour les dettes grevant les successions qui peuvent échoir à la femme, il n'y a plus à distinguer entre celles qui sont purement mobilières ou purement immobilières ou mixtes ; dans les trois cas, conservant tout l'actif, la femme doit supporter tout le passif. Mais le gage des créanciers héréditaires sera plus ou moins étendu, selon que la femme aura accepté la succession avec l'autorisation du mari ou celle de la justice, et selon que le mari aura ou non pris soin de faire l'inventaire du mobilier provenant de la succession.

Si la femme a accepté avec l'autorisation de son mari et que celui-ci ait pris soin de constater par un inventaire la consistance du mobilier provenant de la succession, les créanciers héréditaires auront action sur la pleine propriété des biens du défunt et sur la pleine propriété des biens propres de la femme. Toutefois, pour que leur action soit limitée aux meubles propres que la femme possédait déjà avant son acceptation, il faudra qu'un inventaire, constatant ces meubles, ait empêché leur confusion avec le mobilier de la communauté et celui du mari, sinon les créanciers héréditaires pourraient, en même temps que le mobilier propre de la femme, poursuivre celui de la communauté que rien ne distinguerait, et même celui du mari, si celui-ci ne pouvait s'abriter derrière un inventaire ou état authentique. Si, ayant autorisé sa femme à accepter, le mari avait négligé de faire inventorier le mobilier provenant de la succession, il se confondrait encore avec le mobilier de la communauté, et les créanciers héréditaires pourraient étendre leurs poursuites à l'un et à l'autre, et même à celui du mari qui n'aurait pas été inventorié.

125. Supposons que c'est autorisée de justice que la femme a accepté. Cette acceptation ne doit pas porter atteinte aux droits de la communauté et du mari ; mais ici encore, c'est à la condition que le mari aura pris soin de faire constater par un inventaire le mobilier venant du défunt. Cet inventaire empêchant la confusion, les créanciers héréditaires pourront poursuivre la pleine propriété des biens du défunt et la nue propriété des immeubles et des meubles propres de la

femme. Si la femme, ayant accepté avec autorisation de justice, le mari n'a pas fait faire inventaire du mobilier de la succession, il se confond avec les biens communs qui deviennent le gage des créanciers, comme cela a lieu également sous le régime de la communauté légale en vertu de l'art. 1416, *in fine*.

126. Toutes les fois que, par suite de l'application des règles qui viennent d'être établies quant au droit de poursuite des créanciers, une dette personnelle à l'un des époux a été payée en valeurs de la communauté ou en effets propres à son conjoint, il y a lieu de la part de l'époux débiteur, soit à récompense envers la communauté, soit à indemnité envers l'autre époux.

127. Quoique réduite aux acquêts, la communauté est tenue des arrérages ou intérêts, à partir du jour du mariage, des dettes même exclues de la communauté (art, 1409, n° 5).

128. Quant aux dettes contractées par la femme pendant le mariage, les règles que nous avons posées en étudiant la communauté légale reçoivent ici leur application. Ainsi, quand la femme s'engage avec l'autorisation du mari, ou même avec la simple autorisation de justice, dans les hypothèses prévues par l'art. 1427, quand le mari lui laisse faire un commerce, dans tous ces cas, les dettes contractées par la femme peuvent être poursuivies sur les biens de la femme, sur les biens de la communauté et même sur ceux du mari.

129. Quand la femme s'oblige avec l'autorisation

de justice, hors les cas de l'art. 1427, ou lorsqu'elle s'oblige par suite de délits ou de quasi-délits, elle n'engage pas la communauté, mais seulement la nue propriété de ses biens propres.

130. Sous ce régime aussi la femme peut demander la séparation de biens; ses créanciers ne le peuvent pas, sauf, en cas de faillite ou de déconfiture du mari, à exercer les droits qui pourraient appartenir à leur débitrice.

131. La communauté réduite aux acquêts prend fin par les mêmes causes qui amènent la dissolution de la communauté légale.

132. La femme a ici encore l'option entre l'acceptation et la répudiation de la communauté, et dans un cas comme dans l'autre, la femme reprend en nature ses immeubles et le mobilier qui lui est resté propre. Mais aux termes de l'art. 1499, le mobilier existant lors du mariage ou échu depuis est réputé acquêt, s'il n'a été constaté par un inventaire ou état en bonne forme. L'état en bonne forme dont parle la loi serait, par exemple, un compte de tutelle, l'état estimatif accompagnant une donation ou celui que le testateur aurait inséré lui-même dans le testament. L'inventaire serait valable, quoique fait sous seing privé, pourvu qu'il eût été enregistré ou déposé chez un notaire avant le mariage. — A défaut de cet inventaire et de cet état, il faut distinguer entre le mobilier existant lors du mariage et celui qui échoit aux époux pendant le cours du mariage.

Pour le mobilier échu pendant le mariage, la règle est très-différente de l'un à l'autre époux. Que la succession fût échue à lui-même ou à sa femme, c'était au mari à faire procéder à l'inventaire, et s'il ne l'a pas fait, lui seul est en faute. Si donc il a négligé de faire constater par un inventaire le mobilier à lui échu, il n'y pourra suppléer que par d'autres titres propres à établir tant la consistance du mobilier que le montant des dettes qui grevaient ce mobilier, par exemple par un acte non suspect de partage. Si au contraire c'est d'une succession échue à sa femme qu'il a négligé de faire l'inventaire, la femme et ses héritiers seront admis à établir la consistance du mobilier, non-seulement par titre, mais encore par témoins, et même par commune renommée (arg. art. 1504).

Les héritiers du mari n'auraient pas plus de droit que leur auteur, à moins qu'ils ne prétendissent que le défaut d'inventaire a eu pour but d'avantager la femme au préjudice de leur réserve; il y aurait alors une fraude qu'ils pourraient prouver de toute manière, même par commune renommée.

133. La question est plus difficile quand il s'agit du mobilier que les époux possédaient au jour du mariage; on admet par analogie de l'art. 1502 que la déclaration faite par le mari dans son contrat de mariage que son mobilier est de telle valeur, suffirait pour autoriser la reprise de la somme à laquelle le mobilier a été évalué, puisque cette évaluation a été librement acceptée par la femme. A l'égard de la femme, la consistance et valeur de son mobilier seraient suffisamment établies, à défaut d'inventaire, par la quittance que le mari aurait donnée soit dans le contrat de mariage, soit dans un acte indépendant, à la femme elle-même ou à ceux qui l'auraient dotée. Les tribunaux pourraient encore, suivant les circonstances, admettre comme établissant suffisamment la consistance de ce mobilier, un inventaire ou état dressé peu de jours après la célébration du mariage et revêtu de la signature des époux, ou même un acte de partage fait dans un temps voisin du mariage, quoiqu'en l'absence de l'autre conjoint. Mais ni le mari ni la femme ne seraient reçus à justifier de leurs apports mobiliers par témoins ou par commune renommée.

134. Au contraire, nous avons vu qu'à l'égard des créanciers il fallait appliquer l'art. 1510; une justification qui serait suffisante pour constater la propriété de l'un des époux vis-à-vis de l'autre ne paralyserait pas l'action des créanciers pendant la durée du mariage. Un inventaire ou état authentique antérieur au mariage quand il s'agit du mobilier présent, ou au moins antérieur par sa date à la naissance de leurs droits s'il s'agit du mobilier futur, peut seul faire obstacle à l'action des créanciers, à moins qu'une constatation susceptible par sa nature autant qu'un inventaire ou qu'un état en bonne forme, d'éloigner la pensée d'une surprise ou d'une fraude de la part des époux, ne vienne justifier la distinction réclamée par l'un d'eux en établissant d'une manière certaine la qualité de propre dans un mobilier non inventorié. C'est ainsi que la Cour de Paris a jugé que le fonds de commerce apporté en dot par la femme mariée sous le régime de la communauté réduite aux acquêts et désigné dans le contrat de mariage reste propre à la femme, sans pouvoir servir de gage aux créanciers personnels du mari,

bien que ce fonds n'ait point été constaté par un inventaire, s'il n'a pas d'ailleurs changé de nature.

135. Faute par le mari de représenter en tout ou en partie le mobilier qui est prouvé appartenir à la femme, il en doit payer la valeur estimative, à moins qu'il ne justifie que le mobilier non représenté a péri par cas fortuit ou par suite de l'usage auquel il était destiné. S'il s'agit d'objets mobiliers dont la communauté est devenue propriétaire, ce qui comprend les objets qui se consomment par le premier usage et ceux qui ont été livrés au mari sur estimation sans déclaration que cette estimation ne vaudrait pas vente, pour ces objets la femme n'a qu'une créance contre la communauté. Cette créance est de la valeur estimative au jour de la dissolution de choses de même nature, lorsqu'il s'agit d'objets, d'ailleurs non estimés, qui se consomment par le premier usage, ou du montant de la valeur indiquée au contrat de mariage, lorsqu'il s'agit d'objets livrés sur estimation. Dans ce dernier cas la femme a droit au chiffre de l'estimation malgré la diminution de valeur que les objets pourraient avoir subie.

136. Après que les époux ont prélevé leurs apports dûment justifiés suivant les distinctions que nous venons d'établir, si la femme accepte la communauté, ils procèdent à sa liquidation et à son partage d'après le mode indiqué pour le partage de l'actif dans la communauté légale. Nous signalerons seulement ici une cause de récompense qui n'existe pas sous le régime de la communauté légale : c'est la récompense due à la communauté pour frais de semences et de culture par l'époux sur le fonds duquel il existe, au jour de la dissolution de la communauté, des fruits pendants par branches et par racines. Mais à l'inverse, la communauté doit récompense à l'époux pour les mêmes frais si, au jour de la célébration, il existait sur son fonds des fruits dont la communauté s'est enrichie. C'est qu'ici, si ces frais n'avaient pas été faits, la somme déboursée ne serait pas tombée dans la communauté, mais serait restée propre à l'époux.

137. Les règles de la communauté légale sur la manière dont les époux sont tenus des dettes de la communauté après le partage s'appliquent au passif de la communauté réduite aux acquêts, avec cette seule différence que les créanciers personnels du mari qui, tant que durait la communauté, pouvaient poursuivre le payement de ce qui leur était dû, tant sur les biens communs que sur les biens de leur débiteur, la communauté dissoute, ne sont plus admis à agir que sur la moitié des biens communs afférente au mari, pourvu que le mobilier de ce dernier ait été régulièrement constaté. La femme acceptante n'est tenue ni pour la moitié ni jusqu'à concurrence de son émolument de ces dettes personnelles du mari qui, durant le mariage, pouvaient se poursuivre sur les biens de la communauté. C'est que tant que dure la communauté, les biens communs ne se distinguent pas de ceux du mari, l'inventaire des biens de ce dernier ne fait pas que ses créanciers ne puissent poursuivre les biens de la communauté; c'est là une vieille tradition, la tradition que le mari est seigneur et maître. Mais la dissolution fait changer cette situation.

138. Les effets de la renonciation se déterminent

aussi d'après les règles de la renonciation en matière de communauté légale.

II. DE LA CLAUSE QUI EXCLUT DE LA COMMUNAUTÉ LE MOBILIER EN TOUT OU EN PARTIE.

139. Cette clause a aussi pour but de restreindre l'étendue de la communauté légale en excluant de son actif tout ou partie du mobilier des époux. Elle revêt des formes diverses, et reçoit dans la pratique différentes dénominations : clause de *réalisation* ou d'*immobilisation*, parce que l'époux réalise à son profit, en se les réservant propres et en les assimilant à ses immeubles, des valeurs qui de droit commun devaient tomber dans la communauté, ou bien encore *stipulation de propres*, parce que l'époux exclut son mobilier de la communauté et stipule qu'il lui restera propre ; *clause d'emploi*, quand il est stipulé que les meubles réservés seront placés en acquisition d'immeubles ; *clause d'apport*, quand l'époux déclare mettre son mobilier en communauté jusqu'à concurrence de telle somme ou valeur. Nous parcourrons successivement chacune de ces trois formes.

1° *Clause de réalisation.*

140. Cette clause peut être expresse ou tacite. Elle est tacite lorsque l'un des époux, ou quelqu'un pour lui, déclare mettre en communauté une somme déterminée ou telle partie de son mobilier ; cette limitation entraîne réalisation du surplus. De même encore quand

les parties se sont expliquées sur leur communauté en ces termes : « Les futurs conjoints seront communs en tous les biens qu'ils acquerront. » Il faut sous-entendre une tacite réalisation du mobilier qu'elles ont. « Qui dicit de uno, negat de altero. »

141. La réalisation est expresse quand l'époux déclare directement qu'il exclut de la communauté tout ou partie de ses meubles. Cette clause peut avoir pour objet soit la totalité du mobilier présent et futur, ou une partie aliquote de cette universalité, soit tout ou partie du mobilier présent ou du mobilier futur, soit enfin certains meubles corporels ou incorporels, spécialement déterminés.

142. Chacun des époux peut opérer cette réalisation dans une proportion différente, et même l'un d'eux peut ne se réserver aucune partie de son mobilier tandis que l'autre se réserve le sien par une réalisation totale, ne mettant dans la communauté que son industrie pour tout apport. Mais étant une exception au droit commun, la clause de réalisation doit toujours s'entendre restrictivement. Ainsi la clause par laquelle l'époux déclare exclure de la communauté son mobilier futur, ne s'étend point au mobilier présent; celle par laquelle il déclare se réserver son mobilier ou tout son mobilier, ne s'entend que du mobilier présent. L'exclusion du mobilier qui écherra par succession, ne s'étendrait pas à celui qui leur adviendrait par donation ou legs, et réciproquement. La stipulation qui porterait que les époux seront communs en biens meubles et immeubles qu'ils acquerront, opérerait la réalisation de leur mobilier présent.

143. Les meubles réalisés restent propres aux époux, à la femme aussi bien qu'au mari. Sauf le cas d'apport avec estimation ou de choses qui se consomment par le premier usage, ces meubles réalisés constituent pour la femme des propres parfaits dont l'augmentation de valeur ou la dépréciation lui causera un avantage ou un préjudice, et s'ils sont constatés par un inventaire ou état authentique, les créanciers de la communauté ne pourront les saisir. Le mari n'a sur eux que les pouvoirs d'un administrateur.

144. Si la clause de réalisation porte sur l'universalité du mobilier présent et futur, elle équivaut à une stipulation expresse de communauté réduite aux acquêts et les règles qui régissent celle-ci lui sont de tout point applicables. Si cette clause ne porte que sur le mobilier présent, les dettes actuelles, c'est-à-dire antérieures au mariage, restent à la charge de l'époux ; et si la clause ne porte que sur le mobilier futur, elle exclut du passif de la communauté les dettes des successions et donations.

145. Mais tandis qu'aucun doute ne s'élève sur ce dernier point, parce que la communauté ne peut être tenue des dettes de la succession qu'en proportion des valeurs qu'elle en reçoit, *bona non intelliguntur, nisi deducto aere alieno*, en cas de réalisation de tout le mobilier présent et futur ou du mobilier présent seulement, une controverse s'élève pour savoir si elles entraînent ou non exclusion de la communauté des dettes mobilières antérieures au mariage. La presque unanimité des auteurs se prononce énergiquement pour l'exclusion de ces dettes du passif de la commu-

nauté, en se fondant sur les raisons suivantes. La loi a établi une corrélation entre l'actif et le passif mobilier, et Pothier fait remarquer que c'est une règle du très-ancien droit. Si donc la loi met les dettes mobilières des époux à la charge de la communauté, c'est qu'elle fait entrer tout leur mobilier dans l'actif de cette dernière. Les époux se réservant la propriété de leur mobilier, il n'y a plus de motif pour mettre leurs dettes à la charge de la communauté. Il est vrai que, dans l'ancien droit, Lebrun soutenait l'opinion contraire, mais Pothier, au n° 352, trouve ses raisonnements mauvais et les réfute. Or deux textes, les art. 1511 et 1514, prouvent que c'est la doctrine de Pothier que le Code a consacrée. L'art. 1511 décide que l'époux qui promet à la communauté l'apport d'une somme fixe ou d'objets déterminés et qui retranche ainsi de l'actif commun l'universalité de son mobilier, doit par cela même conserver à sa charge toutes ses dettes antérieures au mariage. Et d'après l'art. 1514, la femme qui stipule la reprise de ses apports ne peut jamais exercer cette reprise qu'en remboursant à la communauté ses dettes antérieures au mariage que cette communauté a payées. Sur ces deux points le Code a donc donné tort à Lebrun et raison à Pothier. Or comment l'époux qui n'apporte rien à la communauté serait-il déchargé de ses dettes quand cette décharge n'a pas lieu au profit de celui qui, lui, fait l'apport d'une somme déterminée peut-être considérable? Si l'on objecte que la clause de réalisation, portant sur le mobilier présent et futur, produira alors les mêmes effets que celle de la communauté réduite aux acquêts, et que la deuxième section est inutile puisqu'elle fait double emploi avec la première, on répond que dans cette deuxième section le législateur a en vue bien moins l'hypothèse de la réalisation de tout le mobilier que celle d'une réalisation partielle et surtout la clause d'apport. — Quelle que soit la gravité de ces raisons, l'opinion de Lebrun a été reprise sous le Code, et quoique soutenue par quelques auteurs à peine, elle peut au premier système opposer des arguments qui ne sont pas sans valeur ; les voici. Les clauses de la communauté conventionnelle s'écartent du droit commun, il faut donc les entendre restrictivement : or la loi fait tomber dans la communauté les dettes mobilières des époux au jour du mariage : pour les en exclure, il faudrait soit une convention formelle, soit une disposition expresse de la loi ; n'est-ce pas déroger au droit commun que d'appliquer au passif ce que la loi dit de l'actif? Sans doute le législateur a établi la corrélation dans la communauté légale, mais il faut se placer au point de vue des conjoints; est-il bien sûr qu'en excluant de la communauté le mobilier présent ils aient voulu aussi en exclure les dettes actuelles, qu'en dérangeant un des côtés de l'arrangement du législateur, ils aient aussi voulu déranger l'autre? La clause de réalisation a en effet une raison d'être en dehors de l'intention d'exclure les dettes; c'est que peut-être l'un des époux a une fortune toute mobilière et l'autre une fortune toute immobilière, et la clause peut avoir uniquement pour objet de mettre l'époux qui n'a que des meubles dans la même situation que celui qui n'a que des immeubles. Mais le but n'est pas atteint si celui qui réalise ses meuble doit garder ses dettes. Et puis est-ce que la clause de séparation de dettes ne peut pas exclure le passif sans que l'actif soit modifié? Là encore, la corrélation n'est-elle pas rompue? Il reste à répondre aux arguments tirés des art. 1511 et 1514, qui paraissent péremptoires en faveur de la première opinion; mais pourquoi l'art. 1511 exige-t-il que l'apport n'ait lieu que déduction faite des dettes? C'est que celui qui promet d'apporter à la communauté un certain objet ou une certaine somme, est tenu à la garantie, tandis que celui qui réalise tout son mobilier ne promet rien.

L'art. 1511 peut donc se motiver par la garantie due. Et si d'après l'art. 1514 la reprise d'apport ne peut avoir lieu que déduction faite des dettes, c'est que la reprise d'apport par la femme n'est qu'une sorte d'exclusion des dettes faites après coup. *A priori* les parties n'ont pas dérogé à la composition de la communauté, mais laissé les choses marcher comme sous le régime de la communauté légale; seulement la femme s'est réservé, si la communauté était mauvaise, de reprendre son apport net, ses dettes personnelles déduites. L'art. 1514 peut donc se motiver par une interprétation de la volonté des parties. Si ces deux articles ont des motifs spéciaux, rien ne prouve plus que le Code ait admis la doctrine générale de Pothier. Dès lors d'une dérogation au droit commun faite dans l'art. 1500 on ne peut conclure à une autre dérogation au droit commun qui est peut-être contraire à la volonté des parties. Assurément il y aurait lieu d'hésiter entre ces deux opinions si la deuxième ne conduisait pas à des conséquences étranges et contraires aussi à l'intention des parties : en effet, en supposant que de deux époux l'un stipulât l'apport à la communauté d'une somme déterminée tandis que l'autre réaliserait son mobilier présent et futur, il arriverait que le premier, celui qui fait un apport à l'actif social, resterait chargé de la totalité de ses dettes, et que le second qui n'apporte rien en demeurerait personnellement affranchi. D'un autre côté, si une femme avait stipulé, en cas de renonciation, la reprise de ses apports présents et futurs, elle ne pourrait exercer cette reprise que déduction faite de ses dettes personnelles, tandis que si elle avait réalisé son mobilier présent et futur, ce qui au fond constitue une situation semblable dans les effets à celle de reprise du mobilier présent et futur, elle serait dispensée de tenir compte à la communauté de ses dettes personnelles. De plus, et cela suffirait dans le doute à entraîner la décision, Pothier est le guide des rédacteurs du Code qui ont le plus souvent reproduit ses opinions (Aub. et Rau, 4, § 522, n° 3, note 20; Rodière et Pont, 2, 73; MM. Valette et Duverger, à leurs cours).

146. Ainsi donc, s'il y a réalisation de tout le mobilier présent et futur, cela équivaut à une stipulation expresse de communauté réduite aux acquêts.

147. S'il y a réalisation seulement du mobilier présent, les créanciers de la femme antérieurs au mariage peuvent, s'ils ont date certaine, la poursuivre sur tous ses biens propres, propres réels ou propres conventionnels, sans pouvoir agir sur les biens de la communauté à moins que le mobilier apporté par la femme

lors du mariage n'ait été confondu dans la communauté sans un inventaire préalable ou un autre acte en bonne forme. Dans ce dernier cas les créanciers de la femme, sans avoir égard à aucune des distinctions qui seraient réclamées, peuvent, conformément à l'art. 1510, poursuivre leur payement sur les biens de la communauté comme sur le mobilier non inventorié du mari, sauf à celui-ci à exercer son recours contre sa femme, s'il y a lieu, pour l'avoir libérée de sa dette. Si ces créanciers de la femme, antérieurs au mariage, n'ont pas de date certaine, ils ne peuvent poursuivre que la nue propriété des biens propres de la femme et doivent respecter la jouissance du mari tant sur les immeubles que sur les meubles constatés par un inventaire. Mais si l'omission de cet inventaire avait laissé le mobilier de la femme se confondre dans celui de la communauté, ces créanciers, sans date certaine, seraient réduits à limiter leurs poursuites à la nue propriété des immeubles propres de la femme comme sous le régime de la communauté légale, car ils ne sauraient avoir de droits contre la communauté qui est un tiers à leur égard (art. 1328). D'ailleurs la clause de réalisation du mobilier présent équivaut, quant à ses effets, à la clause de séparation de dettes. Nous nous contenterons donc de renvoyer aux développements que nous donnerons sur cette dernière.

148. S'il y a réalisation seulement du mobilier futur, sont seules exclues de la communauté les dettes grevant les donations ou successions qui échoient à la femme pendant le mariage. Si c'est avec l'autorisation du mari que la femme a accepté la succession, les

créanciers héréditaires auront action sur les biens de la succession et sur la pleine propriété des biens propres de la femme. De plus, si cette succession comprend des meubles et que le mari ait négligé de les constater par un inventaire, les créanciers héréditaires auront action sur tous les biens de la communauté et même sur le mobilier qui, échu au mari par succession et devant lui rester propre se serait, faute d'inventaire, confondu dans la communauté. Si la femme n'avait accepté la succession qu'avec l'autorisation de la justice, les créanciers auraient action sur la pleine propriété des biens de la succession et sur la nue propriété seulement des propres de la femme; toutefois, si la succession comprenant du mobilier, le mari l'avait laissée se confondre dans le mobilier de la communauté, les créanciers héréditaires auraient, comme sous le régime de la communauté légale (art. 1416), le droit de poursuivre tous les biens de la communauté.

149. Lorsque la réalisation n'a lieu que pour une quote-part du mobilier, la moitié, le tiers, la communauté sera affranchie des dettes des époux dans la mesure du mobilier réalisé au profit de chacun d'eux. Toutefois, comme le mobilier réalisé porte en pareil cas sur une portion indivise du mobilier dont l'autre portion est tombée dans la communauté et qu'il se trouve entièrement confondu avec les biens de celle-ci, on est conduit par la force des choses à reconnaître que les créanciers personnels des époux peuvent poursuivre le payement intégral de leurs créances sur les biens de la communauté, sauf récompense de la part de l'époux débiteur.

150. Enfin, si la réalisation ne porte que sur un ou plusieurs objets corporels ou incorporels spécialement désignés, l'époux au profit duquel la réalisation a eu lieu conserve la propriété de ces objets ou devient, à leur occasion, créancier de la communauté s'il s'agit de choses qui se consomment par le premier usage ou qui ont été apportées avec estimation. Mais cette réalisation ne produit point d'effet à l'égard des dettes ; on reste sous l'empire des règles qui régissent la communauté légale, sauf que le patrimoine propre de l'époux à qui appartiennent ces objets réalisés, est augmenté d'autant.

151. Telles sont les modifications que la clause de réalisation apporte au régime de la communauté légale tant que dure la communauté. Après la dissolution la femme et par suite ses créanciers ont le droit de prélever non-seulement les immeubles propres, mais encore le mobilier réalisé, en prouvant sa consistance d'après les distinctions établies en traitant de la communauté réduite aux acquêts. Les règles que nous avons alors posées sur le partage de la communauté, sur la manière dont les époux sont tenus des dettes de la communauté, quand la femme accepte, s'appliquent également ici.

2° Clause d'emploi.

152. C'est celle par laquelle l'un des futurs époux stipule qu'une certaine somme par lui apportée ou à prendre sur son mobilier sera employée à son profit en acquisition d'immeubles.

Cette clause a pour effet de réaliser tacitement la somme qui en fait l'objet jusqu'au jour où, l'emploi étant fait, les immeubles acquis deviennent propres à l'époux. Il n'en résulte aucune dérogation au droit commun de la communauté en ce qui concerne les dettes, si ce n'est que les créanciers personnels de la femme profiteront de l'avantage que cette clause procure à leur débitrice.

153. L'emploi ne peut s'effectuer que suivant les règles posées par les art. 1434 et 1435. Outre la déclaration du mari lors de l'acquisition qu'elle est faite des deniers dotaux de la femme et pour lui tenir lieu d'emploi, il faut encore l'acceptation de la femme. Comme il s'agit ici d'un intérêt tout pécuniaire, les créanciers de la femme pourraient se faire autoriser à accepter à sa place. Mais ces créanciers de la femme pourraient-ils exiger du mari qu'il fasse l'emploi? Non, en principe, car l'emploi comme le remploi est purement facultatif pour le mari, alors même que le contrat de mariage contient une clause spéciale à ce sujet. Il n'en serait autrement que s'il résultait clairement des termes de cette clause que la femme a entendu se réserver le droit d'exiger l'emploi; ce droit appartenant à la femme, on ne voit pas pourquoi ses créanciers ne pourraient pas l'exercer à son défaut.

154. Si la clause d'emploi portait sur une créance de la femme, le tiers débiteur pourrait valablement se libérer aux mains du mari, et ni la femme ni ses créanciers ne pourraient exercer un recours contre ce débiteur qui aurait payé sans que l'emploi fût effectué. C'est seulement sous le régime dotal que le

tiers pourrait être responsable du défaut d'emploi. Ici le défaut d'emploi autorise seulement la femme à prélever, lors de la dissolution de la communauté, la somme réalisée à son profit.

3° Clause d'apport.

155. La convention d'apport peut s'établir de deux manières différentes : les époux peuvent déclarer apporter à la communauté certains objets mobiliers spécialement désignés. Par là ils sont censés exclure de la communauté, d'une manière complète, et pour la propriété même, tout le surplus de leur mobilier présent, ce qui entraîne séparation des dettes antérieures au mariage et équivaut à une clause expresse de réalisation du mobilier présent. Elle a seulement ceci de particulier qu'elle rend l'époux débiteur envers la communauté des objets qu'il a promis d'y apporter, l'oblige à justifier de son apport et le soumet à la garantie.

156. Mais la loi, dans les art. 1500 et suivants, prévoit une manière de faire la clause d'apport qui consiste en ce que les époux conviennent d'apporter à la communauté une certaine somme ou de mettre leur mobilier dans la communauté jusqu'à concurrence d'une valeur déterminée. Ces deux formules produisent les mêmes effets, c'est-à-dire une réalisation imparfaite pour le cas où la valeur du mobilier mis en communauté excède la somme qui constitue l'apport.

157. Cette clause ne différencie la communauté conventionnelle de la communauté légale qu'en deux

points : elle réserve au profit des époux l'excédant de la valeur de leur mobilier soit présent, soit présent et futur, sur la somme à laquelle ils ont fixé leurs apports ; en second lieu, elle rend l'époux débiteur envers la communauté du montant de la somme qu'il a promis d'y apporter, le met en demeure de justifier que le mobilier apporté dépasse ou au moins égale cette somme et, en cas d'insuffisance, l'oblige à la parfaire, sans que la renonciation même de la femme puisse l'affranchir de cette obligation.

158. Mais cette convention d'apports n'empêche pas que tout le mobilier présent et futur des époux ne tombe pour la propriété dans la communauté, de sorte qu'il n'en résulte pas une véritable séparation de dettes opposable aux créanciers. Tout se passe donc en ce qui concerne le passif et en particulier en ce qui concerne les dettes de la femme, comme sous le régime de la communauté légale. La communauté reçoit comme une sorte de dation en payement le mobilier affecté à l'acquittement de l'apport. Par suite, les créanciers de la communauté peuvent poursuivre sur ce mobilier le payement de leurs créances ; toutes les chances de perte et de dépréciation comme les chances d'augmentation de valeur sont pour la communauté, et à sa dissolution, chaque époux ne peut ni exiger ni être contraint d'accepter la restitution en nature de ce mobilier.

159. On voit par ce qui précède que tant que dure la communauté, la convention d'apport est sans effet à l'égard des créanciers de la femme dont elle ne change en rien la situation. Au contraire, après la dissolution

de la communauté, elle peut modifier les droits de la femme, influer sur la composition de son patrimoine et par suite sur le gage de ses créanciers. Il faut donc rechercher sur quels biens s'imputera l'apport de chacun des époux et comment chaque époux justifiera qu'il a fourni à la communauté la somme promise.

100. La justification de l'apport se fait d'une façon différente suivant qu'il s'agit du mari ou de la femme. Pour le mari, la preuve de la consistance du mobilier qu'il avait au jour de la célébration du mariage et qui a été versé dans la communauté, résulte de la déclaration par lui faite au contrat de mariage que son mobilier est de telle valeur. Si cependant la femme ou ceux qui l'ont dotée s'étaient réservé la faculté d'exiger ultérieurement la justification de l'apport du mari, cette réserve devrait recevoir son effet. Au contraire, il n'y a pas, pour la femme, une justification suffisante de son apport dans la simple déclaration contenue au contrat de mariage que son mobilier est de telle valeur. Il faut que le mari ait reconnu avoir reçu du mobilier jusqu'à concurrence de cette valeur, soit par une quittance séparée donnée à la femme, soit par une déclaration insérée au contrat de mariage.

En l'absence de cette déclaration au contrat de mariage de la consistance du mobilier possédé par les époux au jour de la célébration, les divers moyens de preuve par lesquels les époux sont admis, sous la communauté réduite aux acquêts, à justifier l'un vis-à-vis de l'autre de la consistance de leur mobilier, pourront ici aussi servir à l'établir. Le mobilier qui échoit aux époux pendant la communauté doit être constaté par un inventaire fait par le mari ; l'inaccomplissement de cette formalité entraîne contre lui les mêmes conséquences que si le régime adopté était celui de la communauté réduite aux acquêts.

161. Mais la disposition exorbitante de l'art. 1569, aux termes duquel si le mariage a duré dix ans depuis l'échéance des termes pris pour le payement de la dot, la femme ou ses héritiers peuvent la répéter contre le mari après la dissolution du mariage, sans être tenus de prouver qu'il l'a reçue, à moins qu'il ne justifiât de diligences inutilement par lui faites pour s'en procurer le payement, cette disposition, relative à la restitution de la dot de la femme mariée sous le régime dotal, ne saurait être étendue à l'apport de la femme mariée sous le régime de la communauté.

162. Quels sont les biens qui peuvent être imputés sur la somme que le conjoint a promis d'apporter à la communauté ? Il s'élève d'abord une controverse pour savoir si le mobilier présent, ne suffisant pas à l'acquittement de la somme promise, l'époux pourra imputer sur sa dette le mobilier futur, et si l'apport étant couvert par le mobilier présent, l'époux ne pourra pas retirer de la communauté son mobilier futur. Une première opinion enseigne que quand les époux ont simplement déclaré apporter une certaine somme ou mettre leur mobilier dans la communauté jusqu'à concurrence d'une valeur déterminée, on doit admettre, à moins d'indication contraire, qu'ils ont entendu se réserver seulement l'excédant de la valeur de leur mobilier présent et faire tomber le mobilier futur dans la communauté suivant les règles du droit commun. Les partisans de ce sys-

tème se fondent d'abord sur ce que les clauses de réalisation sont de droit étroit comme toutes celles qui dérogent à la communauté; ils s'appuient ensuite sur la combinaison des art. 1500 et 1503; ce dernier article est en corrélation avec le deuxième alinéa de l'art. 1500; or ce deuxième alinéa de l'art. 1500 a exclusivement en vue l'hypothèse où les époux ont déclaré mettre de leur mobilier *présent* et *futur* dans la communauté jusqu'à concurrence d'une somme déterminée. C'est ce qu'indique la particule relative *en* qui se réfère à ce qui précède et qu'on ne peut restreindre au mobilier présent sans violer les règles de la grammaire. Si donc l'époux a dit qu'il mettait dans la communauté une somme de... sans parler de mobilier futur, ce mobilier futur tombe définitivement dans la communauté et la somme promise ne doit se prendre que sur le mobilier présent. Mais l'inexactitude de cette opinion ressort et de l'art. 1500 dans le deuxième alinéa duquel le pronom *en* se rapporte au mobilier présent et *futur*, lequel est aussi réservé, abstraction faite d'une stipulation expresse à cet égard, et surtout de l'art. 1503 qui autorise l'époux à prélever l'excédant de la valeur du mobilier qu'il a apporté lors du mariage *ou qui lui est échu depuis.* Rien ne marque entre l'art. 1503 et le premier alinéa de l'art. 1500, le lien que voudrait établir le premier système. La somme promise doit donc se prendre tant sur le mobilier futur que sur le mobilier présent.

163. Tout ce qui fait partie de la dot mobilière d'un conjoint et qui est entré dans la communauté s'impute sur la somme qu'il a promise pour son ap-

port ; ainsi doit être imputée sur cette somme la valeur de la nourriture que les parents de l'un des conjoints ont, en vertu d'une clause du contrat de mariage, fourni à ces derniers pendant un certain nombre d'années, de même que la valeur des fruits perçus par les époux sur un héritage dont la jouissance temporaire leur aurait été abandonnée en dot.

164. Les créances qui appartiennent à chacun des conjoints lors du mariage ne s'imputent sur l'apport promis qu'autant qu'elles ont été payées durant la communauté. Toutefois, il y a une distinction à faire entre les créances de la femme et celles du mari : pour pouvoir imputer sur la somme qu'il a promise comme apport les créances qu'il avait lors de son mariage, le mari est tenu de justifier qu'elles ont été payées durant la communauté, soit par des contre-quittances tirées des débiteurs, soit au moins par un journal non suspect. Pour celles de ses créances qui n'ont pas été acquittées, le mari ne peut les imputer contre le gré de sa femme, mais seulement reprendre les titres qui les constatent. Au contraire, pour faire l'imputation, la femme n'est pas obligée de prouver que ses créances ont été payées durant la communauté ; c'est au mari, pour empêcher l'imputation, à justifier de diligences faites à temps contre les débiteurs et demeurées sans résultat. Alors la femme aussi peut seulement reprendre ses titres de créances.

165. C'est sur le pied de la valeur qu'il avait au moment où il est entré dans la communauté que le mobilier des époux doit être estimé. L'estimation donnée au mobilier apporté par les époux lors de la célé-

bration du mariage est irrévocablement fixée. Mais la femme serait sans peine admise à critiquer l'estimation faite du mobilier échu pendant le mariage, soit à elle-même, soit à son mari.

166. Enfin le mobilier que les époux possédaient au jour de la célébration du mariage ne s'impute sur la somme promise en apport que déduction faite du montant des dettes mobilières antérieures au mariage que la communauté aurait payées. Le mobilier échu pendant le mariage ne s'impute sur cette même somme que déduction faite des dettes qui grevaient les donations ou successions mobilières arrivées aux époux durant la communauté.

167. En cas d'acceptation de la communauté par la femme, chaque époux prélève l'excédant de la valeur de son mobilier présent et futur sur la somme promise en apport. On suit, pour opérer ces prélèvements, la règle des art. 1471 et 1472; la femme est préférée au mari, et, en cas d'insuffisance des biens communs, elle a le droit d'exercer ses reprises sur les biens personnels du mari. — Si la somme à laquelle avait été fixé l'apport n'est pas couverte, la femme comme le mari doit la compléter sur ses biens propres. A part cela, l'actif de la communauté se partage et le passif est supporté suivant les règles tracées pour la communauté légale.

168. Si la femme renonce à la communauté, elle conserve le droit de réclamer contre le mari l'excédant de la valeur de son mobilier présent et futur sur la somme qu'elle a promise pour son apport. Mais sa

renonciation ne peut la soustraire à l'obligation de justifier de son apport et de parfaire la somme promise.

II. Des clauses extensives de la communauté légale.

III. De la clause d'ameublement.

169. Cette clause est celle par laquelle un époux met dans la communauté, d'une manière plus ou moins absolue, tout ou partie de ses immeubles. De même que les époux peuvent restreindre la communauté ordinaire en excluant de son actif tout ou partie de leurs biens meubles, de même ils peuvent l'étendre au delà du droit commun en y faisant entrer tout ou partie de leurs immeubles ; et ces deux clauses d'immobilisation du mobilier et d'ameublissement des immeubles sont pour les époux des moyens de rétablir entre eux une égalité qui ne pouvait résulter de l'adoption de la communauté légale.

170. Le Code n'a pas reproduit la distinction que faisait Pothier en ameublissement général et ameublissement particulier. Il semble que, aux yeux des rédacteurs, il n'y ait d'autre ameublissement général que la communauté universelle : idée inexacte, car si toute clause de communauté universelle est un ameublissement général, la réciproque n'est pas vraie puisque l'un des conjoints peut ameublir tous ses immeubles, tandis que l'autre n'ameublit aucun des siens. Quelle que soit d'ailleurs la classification de la loi, il faut l'accepter telle qu'elle est et reconnaître que dan

l'opinion du législateur il ne s'agit ici que d'un ameublissement particulier qui peut être de deux sortes, déterminé ou indéterminé.

171. Il y a ameublissement déterminé quand on met dans la communauté un ou plusieurs immeubles individuellement désignés, de façon à en faire des conquêts de communauté ; ou bien encore, quand on fait tomber en communauté un immeuble ou tels et tels immeubles désignés jusqu'à concurrence d'une somme de.... En un mot, toutes les fois que l'immeuble ou les immeubles sont spécifiés, il y a ameublissement déterminé. Toutefois, comme il y a une grande différence entre l'ameublissement déterminé du premier et du second cas, nous appellerons ameublissement déterminé de la première espèce celui qui fait des conquêts de communauté, et ameublissement déterminé de la deuxième espèce celui qui ne produit qu'un ameublissement imparfait.

172. Il y a ameublissement indéterminé quand on met dans la communauté tous ses immeubles jusqu'à concurrence d'une somme de.... Pour le législateur il y a encore là un ameublissement particulier, mais indéterminé, parce que les immeubles ne sont pas spécialement désignés.

173. Il est un autre cas dont la loi n'a pas parlé, c'est celui où un époux ameublit une quote-part d'un immeuble, le tiers, le quart, sans détermination de valeur. Bien que ce point ait été contesté, il faut voir là un ameublissement déterminé de la première espèce, car on peut transporter à la communauté la pro-

priété d'une partie indivise comme d'une partie divise d'un immeuble.

174. La clause d'ameublissement, étant une dérogation au droit commun, doit s'entendre restrictivement; ainsi l'ameublissement des immeubles futurs ne s'étend pas aux immeubles présents. L'ameublissement de tous les immeubles ne doit s'entendre que des immeubles présents, et ce serait une question de fait, d'appréciation de l'intention des parties que celle de savoir si cet ameublissement comprendrait les immeubles acquis à titre gratuit dans l'intervalle du contrat de mariage à la célébration.

Les effets de l'ameublissement varient selon qu'il est déterminé de la première ou de la deuxième espèce, ou indéterminé.

1° De l'ameublissement déterminé.

175. L'immeuble ou les immeubles ameublis deviennent conquêts de communauté. L'augmentation de valeur profite à la communauté, qui supporte aussi les risques de perte ou de détérioration. Le mari peut les aliéner à titre onéreux ou les donner aux enfants communs lors même que la femme se serait réservé la faculté de reprendre ses apports en cas de renonciation. Comme tout autre bien de communauté, ils sont le gage des créanciers du mari et de ceux de la communauté.

Le conjoint qui a ameubli l'immeuble est tenu à la garantie en cas d'éviction, en vertu de l'art. 1440, car il s'est doté lui-même.

176. L'ameublissement déterminé de la première espèce modifie la communauté au point de vue actif, mais il la laisse au point de vue passif sous l'empire des règles qui régissent la communauté légale. Ainsi, quelle que soit la valeur des immeubles ameublis, l'époux qui a fait un ameublissement de cette nature reste tenu de toutes ses dettes immobilières qui pèsent sur le reste de ses immeubles et non sur la communauté qui acquiert à titre singulier. La seule dérogation au droit commun qu'il y ait ici, c'est que le conjoint ne devra pas récompense à la communauté pour le payement des dettes mobilières relatives aux immeubles ameublis. Ce point cependant est controversé.

177. Enfin, à la dissolution, les immeubles ameublis doivent être compris, comme tous les autres biens de la communauté, dans la masse à partager. Toutefois, l'époux du chef duquel l'immeuble provient a la faculté de le retenir en le précomptant sur sa part pour le prix qu'il vaut au jour du partage (1509). Mais la femme qui renonce n'aurait pas le droit de reprendre les immeubles par elle ameublis en payant leur prix au mari, à moins qu'elle n'ait stipulé la faculté de reprendre ses apports en cas de renonciation.

2° De l'ameublissement déterminé de la deuxième espèce.

178. Un ou plusieurs immeubles désignés sont mis dans la communauté jusqu'à concurrence d'une somme

de....... Cette clause a ceci de commun avec la précédente, qu'elle soumet le conjoint à la garantie et met l'immeuble ou les immeubles aux risques de la communauté ; mais elle en diffère en ce qu'elle ne donne pas au mari le droit d'aliéner sans le consentement de sa femme, mais seulement d'hypothéquer jusqu'à concurrence de la somme. Ce n'est pas le conjoint qui est débiteur personnel de cette somme, c'est la communauté qui est créancière des immeubles ameublis ; il y a un assignat limitatif.

Au point de vue passif, les époux restent sous l'empire des règles de la communauté légale, et ici sans aucune dérogation.

3° *De l'ameublissement indéterminé.*

179. Tous les immeubles sont mis dans la communauté jusqu'à concurrence d'une certaine somme. Il n'en résulte pour la communauté qu'un droit de créance qui oblige le conjoint, lors de la dissolution de la communauté, à comprendre dans la masse commune jusqu'à concurrence de la somme promise tout ou partie des immeubles ameublis. Le droit pour le mari d'hypothéquer ces immeubles jusqu'à concurrence de cette somme est donc une exception au droit commun, quand ces immeubles, bien entendu, appartiennent à la femme.

Le conjoint n'est pas débiteur de la somme, mais des immeubles qui font l'objet de l'ameublissement indéterminé. C'est directement sur les immeubles que frappe le droit de la communauté. Si leur valeur est insuffisante pour remplir la somme, le conjoint n'est pas tenu de la compléter ; si les immeubles ameublis périssent en totalité, l'obligation du conjoint est éteinte. C'est là une différence sensible avec la clause d'apports mobiliers. Si, par suite de l'éviction d'un ou de plusieurs des immeubles ameublis, les autres ne suffisent plus pour parfaire la somme, il n'y a cependant pas lieu à garantie de la part du conjoint, parce qu'il n'a assigné la somme à prendre sur sa fortune immobilière que telle qu'elle se comporte.

180. Quant au passif de la communauté, cette clause ne le modifie en rien. Les créanciers du mari ou de la communauté ne sont point admis à poursuivre leur payement sur les immeubles ameublis par la femme. Mais le mari peut hypothéquer ces immeubles dans une certaine mesure, et ces hypothèques confèrent aux créanciers qui les ont obtenues le droit de les frapper de saisie dans les limites de la somme pour laquelle ils ont été ameublis.

181. Si, pendant la communauté, les immeubles ameublis avaient été vendus en tout ou en partie, et que le prix versé dans la communauté excédât la somme jusqu'à concurrence de laquelle avait eu lieu l'ameublissement, l'époux aurait une action en reprise pour l'excédant. Si, à la dissolution de la communauté, les immeubles ameublis se trouvent encore en la possession des époux, celui qui fait l'ameublissement doit les comprendre dans la masse commune, et si leur valeur excède la somme fixée, c'est à lui d'indiquer celui ou ceux des immeubles qu'il entend y faire tomber. Du reste, il peut toujours, en tenant

compte à la communauté de la somme pour laquelle il les avait ameublis, retenir les immeubles qui faisaient l'objet de cet ameublissement; toutefois, la femme ne peut retenir ces immeubles que grevés des hypothèques consenties par son mari.

La renonciation ne soustrait pas la femme à l'obligation de comprendre dans la masse jusqu'à due concurrence les immeubles par elle ameublis.

IV. DE LA COMMUNAUTÉ A TITRE UNIVERSEL.

182. Par exception à la règle posée par l'art. 1837 en matière de société ordinaire, les époux sont autorisés à établir une communauté universelle de tous leurs biens meubles et immeubles, présents et à venir. Cette clause, qui n'est autre qu'un ameublissement général, doit, comme toute dérogation au droit commun de la communauté, s'entendre d'une manière restrictive; toutefois elle doit s'interpréter par sa combinaison avec les autres stipulations que renferme le contrat de mariage.

183. Les époux pourraient aussi former entre eux une association pour tous leurs biens présents seulement, ou seulement pour tous leurs biens à venir. Une pareille convention n'est autre que la communauté légale modifiée tout à la fois par une clause d'ameublissement et par une clause de réalisation. Nous avons déjà vu les règles applicables à ces deux dernières espèces de communautés à titre universel. Nous parlerons seulement ici de la communauté universelle.

184. La communauté universelle de tous biens pré-

sents et à venir comprend, outre l'actif ordinaire de la communauté légale, tous les immeubles présents et à venir, quelle qu'en soit l'origine. Cependant certains biens peuvent rester propres aux époux : tels sont ceux provenant d'une donation ou d'un legs faits aux époux à la condition que les objets donnés ou légués n'entreront pas en communauté.

185. Toutes les dettes des époux, sous ce régime, tombent indistinctement dans la communauté : ainsi elle peut être poursuivie par un créancier de la femme qui, sous le régime de communauté légale, n'aurait action que sur la pleine propriété des propres de la femme. Néanmoins les principes posés par les art. 1424 et 1425, en ce qui touche les amendes, réparations civiles ou condamnations prononcées contre l'un ou l'autre des époux, sont applicables ici. La condamnation prononcée contre la femme à raison de quelque délit ne peut être poursuivie que sur la part de la femme dans la communauté après la dissolution, ou, pendant la communauté, sur la nue propriété de ses biens personnels si elle en possède, comme nous l'avons dit ci-dessus. Il faudrait décider de même pour les dettes de la femme antérieures au mariage et qui n'auraient pas date certaine; ces créanciers ne peuvent rien demander à la communauté qui est pour eux un tiers (1410 combiné avec 1328).

186. Quant aux donations et successions que la femme n'accepterait qu'avec l'autorisation de justice au refus du mari de l'autoriser, le mari n'aurait qu'à faire dresser un état des immeubles et un inventaire des meubles qui les composeraient pour limiter le

droit des créanciers héréditaires aux biens du défunt tant que durerait la communauté. A défaut de cet inventaire, la communauté par suite de l'*in rem versio* serait tenue pour le tout. Il va sans dire que si le donateur ou testateur avait mis comme condition à sa libéralité que les objets donnés ou légués demeureraient propres à la femme, les créanciers de ces successions et donations n'auraient d'action que contre la femme et sur ses biens propres, c'est-à-dire le plus souvent ceux de la succession même.

187. Lorsque arrive la dissolution de la communauté, si la femme accepte, tout se passe pour le partage de l'actif et la manière dont le passif est supporté comme sous le régime de la communauté légale. L'époux du chef duquel il est entré des immeubles dans la communauté a seulement le droit de les retenir en offrant de faire état de leur valeur. Ce droit est refusé à la femme renonçante qui, à moins de stipulation contraire, perd toute espèce de droits même sur les immeubles entrés dans la communauté de son chef (1492).

III. DES CONVENTIONS QUI TENDENT A MODIFIER LES EFFETS DE LA COMMUNAUTÉ LÉGALE.

V. DE LA CLAUSE DE SÉPARATION DE DETTES.

188. Cette clause modifie la communauté légale en ce que chaque époux, tout en faisant tomber dans la communauté son mobilier présent et à venir, convient de payer séparément ses dettes personnelles. Pour

exclure ainsi de la communauté les dettes mobilières des époux, une clause expresse de séparation de dettes n'est pas indispensable; plusieurs autres clauses entraînent virtuellement cette exclusion : telle est la clause de communauté réduite aux acquêts, la clause de réalisation du mobilier présent, et la clause d'apport que nous avons précédemment étudiées. Admise le plus souvent pour diminuer ou détruire l'inégalité des apports respectifs, cette clause, comme les précédentes, peut être unilatérale.

189. Mais quelle que soit la généralité de ses termes, la convention appelée clause de séparation de dettes ne s'applique jamais qu'aux dettes des époux antérieures au mariage. Pour les dettes grevant les successions échues pendant le mariage ou contractées pendant cette même période, on reste sous l'empire des règles de la communauté légale. L'actif des successions tombant dans la communauté, elle doit en supporter le passif, et pour les dettes contractées par la femme dûment autorisée, il n'y a pas de raison pour ne pas appliquer les art. 1419 et 1427. Mais si la dette a été contractée avant le mariage, la communauté en est affranchie.

190. D'ailleurs, pour décider si une dette personnelle à l'un des époux est antérieure au mariage, il faut considérer, non pas l'époque de l'exigibilité, mais plutôt la cause de la dette. Ainsi sont antérieures au mariage les dettes contractées avant le mariage sous une condition qui ne s'est accomplie qu'après la célébration, et les dettes contractées à terme quoique l'échéance soit postérieure au mariage. Il importe peu

que la dette ait eté liquidée après le mariage si le fait qui y a donné naissance est antérieur à cette époque : par suite, les réparations civiles et même les amendes prononcées pendant le mariage à raison d'un délit commis antérieurement, sont comprises dans la convention de séparation de dettes. De même les dépens auxquels l'un des époux a été condamné par suite d'un procès commencé avant le mariage sont encore considérés comme une dette antérieure au mariage, parce que, dit Pothier, quoique la dette ne soit née que durant le mariage, elle est née d'une cause antérieure au mariage, qui est la téméraire contestation que le conjoint a formée en entreprenant le procès. Toutefois si c'est la femme qui était engagée dans un procès avant son mariage, et que le mari ait repris l'instance, la dette des dépens, faits depuis la reprise d'instance, auxquels le mari a été condamné, est une dette de la communauté. Si le conjoint avait à rendre compte, soit d'une tutelle, soit de quelque administration particulière ou publique, les sommes que ce conjoint tuteur ou administrateur devait avant son mariage seraient seules comprises dans la convention de séparation de dettes ; les dettes résultant de sa gestion postérieure au mariage seraient à la charge de la communauté. Mais que décider des dettes d'une succession mobilière qui, échue à l'époux avant le mariage, ne serait acceptée qu'après la célébration ? On pourrait invoquer le principe de la saisine et celui de la rétroactivité de l'acceptation d'une succession pour voir là une dette antérieure au mariage ; mais il vaut mieux résoudre la question d'après l'intention présumée des parties : or on doit supposer que l'époux, en acceptant, n'a entendu mettre dans la communauté le mobilier dépendant de cette succession qu'à la condition qu'elle en supporterait les dettes. C'est une question de fait.

191. Enfin il faut encore comprendre dans la clause de séparation de dettes et laisser par suite à la charge de l'époux les arrérages et intérêts produits jusqu'au jour du mariage par les différentes dettes que nous venons d'énumérer. Au contraire, les arrérages et intérêts postérieurs à la célébration, c'est la communauté, usufruitière de tous les biens, qui les doit supporter,

192. Même durant la communauté, la clause de séparation de dettes modifie les droits des créanciers de la femme, mais à une condition : c'est que le mobilier que celle-ci a apporté, ou qui lui est échu pendant le mariage, ait été constaté au moyen d'un inventaire ou d'un état authentique. N'a-t-il pas été fait inventaire ou état authentique, tout se passe comme si la séparation de dettes n'existait pas; les créanciers n'ayant pas date certaine avant le mariage n'auront action que sur la nue propriété des biens propres de la femme; les créanciers avec date certaine poursuivront le payement de leurs créances mobilières sur tous les biens de la communauté, et le mari devra n'imputer qu'à lui-même de n'avoir pas évité la confusion du mobilier de sa femme avec celui de la communauté. Toutefois, même dans ce cas, le créancier de la femme qui peut poursuivre la communauté, ne peut agir contre les propres du mari; la Cour de Douai l'a ainsi jugé (Douai, 15 juin 1861), par cette raison que l'art. 1510 est une sanction pénale dont il ne faut pas dé-

passer les termes (*Contra*, Marcadé, art. 1510 à 1512, 3).

193. Au contraire a-t-il été fait inventaire, cette circonstance ne change en rien la situation des créanciers n'ayant pas date certaine avant le mariage ; ils n'ont toujours pour gage que la nue propriété des biens de leur débitrice (art. 1410-1528). Mais l'inventaire limite le droit des créanciers de la femme ayant date certaine aux biens propres de leur débitrice et au mobilier entré de son chef dans la communauté, absolument comme si la femme n'avait pas contracté mariage. Le mari demeure quitte envers ces créanciers en représentant l'inventaire ou l'estimation d'icelui (art. 222 de la coutume de Paris) et en leur tenant compte de la valeur des objets qu'il ne représente point. Ce n'est pas d'ailleurs sur son mobilier présent seul, tel qu'il a été constaté par l'inventaire, que les créanciers de la femme antérieurs au mariage et ayant date certaine peuvent agir, ils ont aussi action sur son mobilier futur provenant de donations ou de successions. C'est en vain que le mari voudrait soutenir que si la communauté a d'abord succédé à la femme à titre universel, l'aliénation que la femme fait à la communauté des meubles provenant d'une succession à elle échue, constitue une aliénation à titre particulier. Ce ne serait là qu'un sophisme, attendu que cette aliénation particulière n'est qu'une portion de l'aliénation universelle faite d'abord et qui se réalise au fur et à mesure qu'arrivent les donations et successions. Le mari doit donc prendre soin d'inventorier ce mobilier futur comme le mobilier présent s'il veut empêcher les

créanciers de la femme d'atteindre les biens de la communauté.

194. Mais tandis que tout le monde s'accorde pour donner à la clause de séparation de dettes l'effet que nous venons d'indiquer à l'égard des créanciers de la femme, les auteurs sont très-divisés sur le point de savoir quelle influence elle a sur le droit des créanciers du mari antérieurs au mariage. Selon les uns, la clause est non avenue à l'égard de ces créanciers du mari qui peuvent poursuivre le payement de leurs créances sur tous les biens de la communauté sans distinction du mobilier qui y est entré du chef du mari ou de celui qui y est entré du chef de la femme, et alors même qu'un inventaire les aurait l'un et l'autre régulièrement constatés; selon les autres, au contraire, il faudrait faire à l'égard de ces créanciers du mari les mêmes distinctions qu'à l'égard des créanciers de la femme, et celle-ci, en représentant l'inventaire aurait aussi le droit d'arrêter les poursuites des créanciers du mari. Il n'est pas sans importance pour les créanciers de la femme de savoir laquelle de ces deux opinions doit prévaloir, car tandis que la première les sacrifie comme leur débitrice aux créanciers du mari et ne leur laisse que le droit à une récompense peut-être illusoire, la deuxième sauvegarde leur gage et leur permet d'éviter sur le bien mobilier inventorié de la femme le concours des créanciers du mari antérieurs au mariage. La première opinion, qui a pour elle l'autorité de Renusson, part. 1, ch. 11, n° 8; de Lebrun, liv. 2, ch. 3, sect. 4, n° 2; de Bourjon, *Droit commun de la France*, tit. 10, part. 3, ch. 4, sect. 6,

n° 7 et 8, et qui se prévaut du silence de Pothier, n° 362 et suiv., se fonde principalement sur les pouvoirs que l'art. 1421 donne au mari comme chef de la communauté, pouvoirs qui lui permettent de dissiper les biens communs, d'en disposer comme il l'entend, et par suite de les employer à l'acquittement de ses dettes antérieures au mariage; ce qu'il peut faire, l'art. 1166 donne à ses créanciers le droit de le faire comme lui. D'ailleurs lorsqu'une succession immobilière est échue au mari, est-ce que les créanciers héréditaires ne peuvent pas, sauf récompense, poursuivre la communauté (art. 1412)? Si l'on objecte que le 2ᵉ alinéa de l'art. 1510 ne donne aux créanciers de l'un et de l'autre des époux le droit de poursuivre la communauté que s'il n'y a pas un inventaire, d'où l'on peut tirer un argument *a contrario*, on répond qu'un pareil argument n'est pas ici concluant parce qu'il tendrait à écarter l'application du principe de droit commun que, durant la communauté, les biens communs sont censés, à l'égard des créanciers du mari, faire partie du patrimoine de ce dernier. A ces arguments, la deuxième opinion oppose le sens de la loi et ce qui vaut mieux encore ici, l'intention des parties. La tradition, d'ailleurs, n'est pas si unanimement contraire que les adversaires semblent le prétendre. Bacquet, *Tr. des droits de justice*, ch. 21, n° 101, ne partageait pas l'opinion de Renusson et de Lebrun, et le silence de Pothier, quand on le rapproche du texte de l'art. 1510, montre clairement que le législateur a voulu s'écarter de l'ancienne doctrine. La loi, art. 1510, 2ᵉ alinéa, présente le droit de poursuivre la communauté comme une exception aussi bien pour les créanciers de l'un que pour les créanciers de l'autre des époux, ce qui donne une grande force à l'argument *a contrario* et oblige à l'admettre tant contre les créanciers du mari que contre les créanciers de la femme. Invoquer ici les pouvoirs du mari seigneur et maître, c'est faire une pétition de principe, puisque ce sont ces pouvoirs mêmes qu'il s'agit de déterminer, et l'analogie que l'on tire de l'art. 1412 n'est point exacte, puisqu'une clause spéciale vient ici modifier le droit commun. D'ailleurs, pourquoi la femme, qui peut comme le mari ne pas mettre ses meubles en communauté ne pourrait-elle pas, aussi bien que lui, ne les y mettre qu'à la condition qu'ils ne serviront point au payement des dettes de son conjoint? Pourquoi la convention ne serait-elle pas en faveur de la femme comme en faveur du mari (M. Duverger, à son cours)?

195. D'ailleurs, si cette controverse peut s'élever tant que dure la communauté, sa dissolution et son partage donnent à la clause tous ses effets tant à l'égard des époux qu'à l'égard des créanciers sans qu'il y ait encore lieu de rechercher s'il a ou non été fait un inventaire. Les créanciers de l'un des époux ne peuvent plus poursuivre l'autre en payement de la moitié de leurs créances, et les créanciers de la femme n'ont plus contre le mari que la voie de la saisie-arrêt de ce qu'il pourrait devoir à la femme leur débitrice.

196. La séparation de dettes ne s'étend pas seulement aux dettes des conjoints envers les tiers, mais encore à celles dont l'un d'eux est débiteur envers l'autre. Tant que dure la communauté, le conjoint reste débi-

leur personnellement, mais à la dissolution il faut faire plusieurs distinctions. Si c'est la femme qui est débitrice, en cas d'acceptation, elle devra payer au mari ou à ses héritiers la moitié de la dette, et il y aura confusion sur sa tête pour l'autre moitié; en cas de renonciation, elle devra payer la totalité. Si c'est le mari qui est débiteur, il devra payer à sa femme, en cas d'acceptation, la moitié de sa dette; en cas de renonciation, il s'opérera sur sa tête confusion pour le tout, et il n'aura rien à payer à sa femme, à moins qu'elle n'ait dans ce cas stipulé la reprise de ses apports.

197. Enfin chacun des conjoints est tenu à récompense envers la communauté pour le montant des dettes restées à sa charge et qui, l'inventaire ayant ou non été fait, auraient été acquitées des deniers de la communauté. Mais pour qu'il y ait lieu à récompense il faut prouver que la dette a existé, qu'elle a été payée et non remise ou éteinte par prescription ou autrement, et ces deux points établis, il y a présomption qu'elle a été acquittée des deniers de la communauté. C'est qu'en effet la clause de séparation de dettes n'empêchant pas le mobilier présent et futur et les fruits des propres de tomber dans la communauté, les époux n'auraient eu d'autres ressources pour payer leurs dettes que la vente de leurs immeubles. La femme devrait récompense même pour une dette sans date certaine antérieure au mariage qui aurait été acquittée par le mari, car elle n'en était pas moins de celles que la femme devait payer séparément. La renonciation de la femme ne l'affranchit pas de l'obligation d'in-

demniser le mari des dettes qu'il a acquittées à sa décharge, tandis qu'en pareil cas la femme n'a droit à aucune récompense pour celles de ses dettes que le mari aurait payées des deniers de la communauté.

VI. DE LA CLAUSE DE FRANC ET QUITTE.

198. La clause de franc et quitte est celle par laquelle l'un des époux déclare dans le contrat de mariage que son apport n'est pas grevé de dettes antérieures au mariage. La déclaration peut aussi être faite par des tiers, parents ou étrangers.

199. Cette clause n'a aucune influence directe sur les droits des créanciers des époux ni pendant la durée de la communauté, ni après sa dissolution. Mais comme elle peut modifier le patrimoine de la femme, gage de ses créanciers, elle n'est pas sans produire à leur égard des effets indirects. Entre les conjoints cette clause renferme virtuellement une espèce de convention de séparation de dettes qui oblige l'époux à l'apport duquel elle s'applique à indemniser son conjoint des sommes que la communauté a déboursées pour acquitter ses dettes antérieures au mariage. Et ici la récompense est due non-seulement pour le capital, mais encore pour les intérêts ou arrérages qui ont couru pendant le mariage, parce que l'effet de la clause de franc et quitte doit être de rendre la communauté indemne de tout le préjudice que pourraient lui causer les dettes cachées de l'époux déclaré franc et quitte.

200. Si la clause est intervenue du chef du mari et que le mari ait néanmoins des dettes antérieures au mariage, il peut en résulter pour la femme deux sortes de préjudices : ou bien la femme voit la communauté simplement diminuée, ou bien elle se trouve même dans l'impossibilité d'exercer ses reprises. C'est contre ce dernier préjudice seul que, selon Pothier, la déclaration avait pour effet de garantir la femme dans l'ancien droit. Mais aujourd'hui l'art 1513 est plus général : la femme a droit à une indemnité non-seulement quand elle n'est pas couverte de ses reprises, mais encore quand il y a diminution de sa part dans la communauté.

201. C'est seulement à la dissolution de la communauté que la femme pourra exercer son recours contre son mari et ceux qui l'ont déclaré franc et quitte, quand même le mari personnellement n'aurait fait aucune déclaration de ce genre. C'est encore là une différence avec l'ancien droit, où l'on considérait la clause de franc et quitte comme n'ayant d'effet qu'entre le tiers qui avait fait la déclaration et l'autre conjoint. Aujourd'hui l'époux dont l'apport a été déclaré franc et quitte par une tierce personne est considéré comme ayant adhéré à cette déclaration, sans qu'il soit besoin qu'il se soit expressément obligé à payer séparément ses dettes antérieures au mariage pour être tenu d'en faire raison à la communauté. L'époux est toujours le principal obligé, et c'est subsidiairement que l'autre conjoint a un recours contre les déclarants.

202. Mais il faut remarquer que, malgré l'existence de dettes antérieures au mariage, la femme n'aurait

aucun recours ni contre le mari ni contre ses garants si, lors de la dissolution, la communauté était tellement mauvaise que, en joignant à son actif une somme égale à celle du montant des dettes du mari antérieures au mariage, la femme ne dût rien y avoir d'effectif. Soit que la femme renonçât alors à la communauté, soit qu'elle l'acceptât en faisant inventaire, ces dettes ne lui causeraient réellement aucun préjudice. La clause de franc et quitte ne peut produire d'effets que dans la mesure du préjudice par elle éprouvé.

203. Si la clause de franc et quitte est intervenue du chef de la femme, elle a pour but de garantir le mari contre toute diminution de la communauté; et quel que fût à la dissolution l'état de cette dernière, la clause produirait ses effets contre la femme et ceux qui l'ont déclarée franche et quitte dans la mesure de ce que la communauté aurait payé de dettes antérieures au mariage, et de ce que le mari pourrait avoir à craindre d'être forcé d'en payer.

Même durant la communauté, le mari peut agir contre les tiers qui ont déclaré franc et quitte l'apport de la femme s'il se trouve néanmoins grevé de dettes antérieures au mariage, tandis que ce n'est jamais qu'après la dissolution de la communauté que la femme a son recours contre ceux qui ont garanti le mari.

204. Il peut s'élever des difficultés pour savoir si une dette de l'époux payée par la communauté est ou non antérieure au mariage, lorsqu'elle résulte d'un acte qui n'a pas de date certaine. Entre les conjoints il suffit que l'acte présente la date comme antérieure au mariage pour qu'elle donne lieu à l'indemnité,

attendu que l'époux débiteur ne peut méconnaître la date que lui-même a donnée à l'acte. Mais si les biens de cet époux sont insuffisants, va-t-on pouvoir recourir contre les garants? ceux-ci qui sont des tiers n'auront-ils pas le droit d'opposer le défaut de date certaine? On ne peut assurément laisser ces tiers à la discrétion de l'époux qu'ils ont déclaré franc et quitte et qui, par des antidates, pourrait les obliger indéfiniment. Mais, d'un autre côté, il était bien impossible au conjoint de cet époux de se procurer la preuve écrite de dettes dont on lui garantissait la non-existence, et il ne peut être victime de la facilité avec laquelle les tiers ont déclarée exempte de dettes une personne dont ils ne connaissaient pas assez la position ou la probité. Il faut donc réserver à l'époux garanti le droit de prouver de toute manière que la dette existait avant le mariage.

205. Les tiers obligés de payer sur la poursuite en garantie dirigée contre eux ont leur recours contre le conjoint, qu'ils avaient déclaré franc et quitte. Dans l'ancien droit il n'en était pas toujours ainsi quand ce conjoint était la femme : pour savoir si le garant pouvait recourir contre elle, on distinguait s'il y avait eu ou non séparation de dettes stipulée entre les époux. En l'absence de cette stipulation le recours n'avait pas lieu, car la femme, obligée d'indemniser le garant, se serait retournée contre le mari pour répéter contre lui, en cas de renonciation, la totalité, et en cas d'acceptation, la moitié de l'indemnité par elle payée, puisqu'il s'agissait de dettes tombées définitivement dans la communauté et qu'elle ne devait pas supporter.

Le mari aurait eu alors un nouveau recours contre les garants, et l'on se serait trouvé dans un cercle vicieux. Au contraire, s'il y avait séparation de dettes, le recours ne réfléchissait pas contre le mari, parce que dans ce cas la femme était tenue d'acquitter ses dettes antérieures au mariage et, en les payant, ses garants n'avaient fait que gérer son affaire. Aujourd'hui, il y a toujours séparation de dettes tacite, la femme est le principal obligé, et les garants ont toujours un recours contre elle, mais seulement à la dissolution de la communauté.

206. Il ne faudrait pas confondre avec la clause de franc et quitte celle par laquelle les parents de l'un des conjoints permettraient de payer les dettes de ce dernier antérieures au mariage et de l'en acquitter. Que la communauté soit bonne ou mauvaise, les parents sont alors tenus de remplir leur promesse, soit pendant le mariage, soit après la dissolution, sans avoir jamais droit à aucun recours.

207. Les parents du mari pourraient encore se rendre cautions envers la femme de la restitution de sa dot et de ses conventions matrimoniales : il en résulterait pour eux l'obligation de désintéresser la femme de tout ce dont elle n'aurait pu être payée sur les biens du mari par suite de dettes, soit antérieures, soit postérieures au mariage.

VII. DE LA FACULTÉ ACCORDÉE A LA FEMME DE REPRENDRE SON APPORT FRANC ET QUITTE.

208. Cette clause, qui fait exception aux principes généraux des sociétés ordinaires, réserve à la femme la faculté de retirer de la communauté, en cas de renonciation, tout ou partie de ses apports. Pour qu'il y ait utilité à insérer cette clause dans le contrat de mariage, il faut que le régime adopté ne soit pas de ceux qui permettent à la femme de reprendre ses apports, soit qu'elle accepte, soit qu'elle renonce, c'est-à-dire qu'il faut que ce régime ne soit ni la communauté réduite aux acquêts, ni la communauté avec exclusion du mobilier présent et futur.

209. Si malgré cette clause la femme accepte la communauté, ses apports se partageront par moitié; si elle y renonce, elle reprendra francs et quittes les biens qu'en l'absence de cette clause, sa renonciation lui eût fait perdre.

210. Comme toute dérogation à la communauté légale, celle-ci doit encore s'entendre d'une manière restrictive, soit quant aux personnes qui peuvent en profiter, soit quant aux biens qui en font l'objet. Toutefois la convention ne doit pas être prise dans un sens restrictif en ce qui concerne le fait qui entraîne la dissolution de la communauté. Par quelque cause, en effet, que la communauté vienne à se dissoudre, le droit qui résulte de cette convention est ouvert en faveur de la femme; ainsi il est ouvert en cas de disso-

lution de la communauté, par suite de séparation de corps ou de biens, quoique, en la stipulant, les parties n'aient expressément mentionné que l'hypothèse de la dissolution de la communauté par le décès de l'un des époux. Si cette hypothèse a été seule prévue, c'est que la femme ne devait pas supposer qu'elle se verrait dans la nécessité de provoquer la séparation de corps ou de biens.

211. Au contraire, la clause doit s'entendre restrictivement quant aux personnes appelées à en profiter. Ainsi la faculté de reprise stipulée en faveur de la femme ne s'étend pas à ses enfants; celle stipulée en faveur de la femme et de ses enfants ne profite ni aux collatéraux ni aux ascendants; celle stipulée en faveur de la femme et de ses héritiers ne s'étend pas à ses successeurs irréguliers ni à ses successeurs universels, même quand ils ont la saisine. Mais avec quelque rigueur que la clause doive s'interpréter, il faut admettre que la vocation de la femme et de ses héritiers collatéraux contient virtuellement celle des descendants et ascendants, que la vocation des enfants comprend tous les descendants de quelque degré que ce soit, et même les enfants naturels.

Une fois que le droit s'est ouvert sur la tête de la personne au profit de laquelle il était stipulé, il peut, comme tout autre droit, être transmis aux représentants de cette personne ou exercé par ses ayants cause. L'exercice du droit est subordonné à la renonciation qui doit être faite à la communauté; mais c'est par la dissolution même que le droit s'ouvre et se réalise sur la tête de la personne. Si donc la communauté se dissout, soit par la mort du mari, soit par la séparation de corps ou de biens, le droit s'ouvre à l'instant même au profit de la femme, et si elle néglige de l'exercer, elle ou son représentant, ses créanciers pourront le faire à sa place par application de l'art. 1166. Bien plus, si, pour favoriser son mari ou ses enfants débiteurs de la reprise, la femme avait, en fraude de ses créanciers, accepté une communauté mauvaise, ceux-ci pourraient faire déclarer cette acceptation frauduleuse et nulle, et être admis à renoncer pour leur débitrice et à exercer à sa place la reprise de son apport.

212. Si la succession de la femme avait été acceptée sous bénéfice d'inventaire par un héritier compris dans la convention de reprise, et que, pour se décharger des dettes, cet héritier fît aux créanciers de la succession l'abandon des biens composant cette succession, dans cet abandon serait compris le droit d'exercer la reprise de la femme.

213. La clause doit encore s'entendre d'une manière restrictive en ce qui concerne les objets dont la reprise peut être exercée. Ainsi, lorsque la femme s'est réservé la faculté de reprendre le mobilier qui lui écherra durant la communauté, elle n'est point autorisée à exercer la reprise de celui qu'elle possédait au jour de la célébration. Si elle s'est réservé de reprendre tout son mobilier ou tout ce qu'elle a apporté, la convention ne renferme que ce qu'elle a apporté en se mariant; c'est là ce qu'a voulu dire le législateur dans le deuxième alinéa de l'art. 1514 où, sous prétexte de reproduire un passage de Pothier, il n'énonce plus, en ajoutant les mots *lors du mariage*, qu'une idée trop

évidente pour qu'il fût besoin de l'exprimer. Si la femme stipule qu'elle pourra reprendre ce qu'elle aura apporté ou ce qui sera entré de son chef dans la communauté, le sens grammatical des mots veut que ce futur passé comprenne le mobilier futur aussi bien que le mobilier présent.

214. La convention de reprise d'apport peut être mitigée par une clause accessoire qui limite le droit de la femme. Ainsi la femme peut stipuler que sa renonciation à la communauté ne l'autorisera à exercer la reprise de son apport que sous la déduction d'une certaine somme à conserver par le mari ; la femme ne peut pas alors exiger du mari ou de ses héritiers plus qu'elle n'a stipulé. Ou bien la femme peut stipuler que si elle exerce le droit elle-même personnellement, elle reprendra tous ses apports, mais que si le droit n'est exercé que par ses héritiers, ils devront subir la réduction d'une certaine somme que le mari aura le droit de retenir. Si dans ce cas la communauté se dissout par le prédécès du mari et qu'ensuite la femme vienne elle-même à mourir sans avoir pris parti, ses héritiers, renonçant à la communauté, exerceront la reprise sans subir aucune réduction. C'est qu'ici le droit s'est ouvert dans la personne de la femme, de sorte que ce n'est pas en leur nom, mais du chef de la femme que les héritiers exercent le droit qui leur a été transmis.

215. Malgré la clause de reprise du mobilier franc et quitte, ce mobilier tombe dans la communauté, qui en devient propriétaire comme des immeubles que la femme a ameublis d'une manière absolue. Les créan-

ciers de la communauté et du mari peuvent donc saisir ce mobilier de la femme de même que les autres biens communs. Les tiers détenteurs des immeubles ameublis et que le mari a aliénés n'ont pas à craindre la revendication de la femme, qui doit aussi respecter les hypothèques et les servitudes consenties sur ces immeubles. Mais les personnes autorisées à exercer la reprise ont droit contre le mari qui ne représente pas tout le mobilier de sa femme, à une indemnité pour la valeur du mobilier manquant, à moins que le mari ne prouve que ce mobilier a péri sans sa faute. La consistance de ce mobilier doit d'ailleurs être constatée dans les formes prescrites pour la constatation du mobilier exclu de la communauté au moyen d'une clause de réalisation. Lorsque l'apport dont la femme peut exercer la reprise comprend des créances, le mari est débiteur envers la femme non-seulement des sommes qu'il a reçues, mais encore de celles qu'il aurait dû recevoir, à moins qu'il ne justifie de diligences inutilement par lui faites pour obtenir payement. Mais c'est une question controversée de savoir si les intérêts des sommes qui peuvent être dues à la femme courent du jour de la dissolution de la communauté ou du jour de la demande en justice. Pour les faire courir de plein droit, on dit que les créances dont il s'agit ne sont que les reprises de la femme, et qu'alors il faut appliquer l'art. 1473 qui fait courir de plein droit les intérêts de ces reprises du jour de la dissolution de la communauté. Mais l'opinion contraire fait remarquer que les créances pour récompenses et indemnités sont des créances qui prennent naissance durant la communauté et contre la communauté, tandis que la créance dont il s'agit ici étant subordonnée à la renonciation de la femme, renonciation qui ne peut avoir lieu qu'après la dissolution de la communauté, il est bien impossible que la communauté ait jamais pu devenir débitrice d'une pareille créance qui constitue, de sa nature, une créance personnelle contre le mari, soumise dès lors à l'application de l'art. 1479.

216. Mais les reprises de la femme ne peuvent jamais avoir lieu que sous la déduction de ses dettes personnelles que la communauté aurait acquittées. Par dettes personnelles à la femme, il faut entendre toutes celles dont était grevé son apport à la communauté et que celle-ci a payées à sa décharge, et d'autre part les dettes dont la femme demeure débitrice envers la communauté, malgré sa renonciation, par exemple les amendes ou les condamnations prononcées contre elle ou les sommes employées pour l'amélioration ou la conservation de ses immeubles lorsque la communauté a payé ces dettes. Il faut d'ailleurs établir une corrélation entre les dettes dont la femme doit tenir compte à la communauté qui les a acquittées et l'actif qu'elle reprend : ainsi quand la femme reprend tout le mobilier par elle apporté lors du mariage, elle doit supporter toutes les dettes mobilières dont elle était grevée à ce moment; si son droit de reprise ne frappe que sur la moitié de ce mobilier, elle suportera la moitié de ces mêmes dettes; si son droit ne frappe que sur le mobilier futur, c'est seulement des dettes des successions et donations que la femme devra indemniser la communauté. Si enfin la reprise n'était pas de l'universalité

des biens que la femme aurait apportés en communauté, mais seulement d'une certaine somme ou de certains objets particuliers, elle n'aurait à subir aucune déduction de dettes, parce que « universi patrimonii, non certarum rerum, æs alienum onus est. »

217. Quant aux dettes que la femme aurait contractées, soit avec l'autorisation du mari, soit avec l'autorisation de la justice dans les hypothèses prévues par l'art. 1427, elles demeurent à la charge du mari, du moins en ce qui concerne les rapports des époux et lorsque ces dettes ne sont pas de telle nature qu'elles doivent donner lieu à récompense. Mais vis-à-vis des créanciers envers lesquels elle s'est engagée, la femme demeure personnellement obligée au payement de ces dettes, sauf son recours contre son mari.

218. Mettons la femme en regard des créanciers de la communauté. Si la femme n'a contracté envers eux aucun engagement et que son apport existe encore en nature, pourra-t-elle reprendre ses biens en nature à l'encontre des créanciers de la communauté en supposant ces biens constatés par un état ou inventaire? Nous avons dit déjà que la clause de reprise d'apport n'a pas pour effet de réserver à la femme la propriété de son mobilier, que ce mobilier comme les immeubles ameublis tombe dans la communauté et devient le gage des créanciers du mari et des créanciers communs, d'où il semble résulter que la femme n'a qu'un droit de créance et ne peut exiger la reprise en nature. Mais on peut dire que la clause produit une réalisation conditionnelle; la communauté devient propriétaire sous la condition résolutoire que les biens se retrouveront en nature dans la communauté quand la femme renoncera. Il faut donc admettre la femme à reprendre son apport en nature.

219. Mais si, bien que la femme ne se soit pas engagée personnellement, ses biens ne se retrouvent plus en nature dans la communauté, elle n'est plus que créancière de la somme que les effets valaient quand ils ont été apportés dans la communauté et l'on suivrait à cet égard l'estimation qui en aurait été faite. Si des immeubles ameublis par la femme ont été aliénés par le mari, la femme n'a droit qu'à la reprise de leur valeur, et cette valeur est précisément le prix de vente si la vente a eu lieu sans fraude. S'il paraissait que le mari a vendu à vil prix, en fraude du droit de reprise à exercer par la femme, celle-ci serait fondée à réclamer une estimation qui servirait de base à sa reprise. Mais la femme qui vient ainsi comme créancière peut-elle exercer sa reprise par préférence aux créanciers de la communauté? Oui, en tant qu'elle agit contre les immeubles personnels de son mari et même sur les conquêts de la communauté aliénés sans son concours, car sur ces immeubles la femme renonçante conserve son hypothèque légale. Mais sur les meubles la femme n'a aucune cause de préférence, alors même qu'elle aurait stipulé qu'elle exercerait la reprise de son apport par préférence aux créanciers de la communauté. Cette clause additionnelle avait été insérée dans les contrats de mariage sous l'empire de cette jurisprudence de la Cour de cassation d'après laquelle la femme même renonçante pouvait exercer ses reprises sur les biens de la communauté à titre de propriétaire

et par préférence aux créanciers de cette dernière. Cette clause n'ajoute rien au droit commun, car on ne peut créer de privilége par convention. La Cour de cassation étant revenue sur sa jurisprudence par son arrêt solennel du 16 janvier 1858 (Sir., 58, 1, 10), la clause dont il s'agit resterait sans effet.

220. Allons plus loin. Le plus souvent dans les contrats de mariage il est dit qu'en cas de renonciation la femme reprendra son apport franc et quitte de toutes dettes de la communauté, bien qu'elle s'y soit obligée ou qu'elle y ait été condamnée. Cette clause-là n'est-elle pas opposable aux créanciers de la communauté, et n'a-t-elle pas pour effet de soumettre l'apport de la femme au régime dotal et de le frapper d'inaliénabilité? La question est très-controversée; mais la stipulation accessoire que la reprise s'exercera même avec franchise des dettes auxquelles la femme se serait obligée ou pour lesquelles elle aurait été condamnée, ne paraît pas assez positive pour rendre la clause opposable aux tiers, ni surtout pour imprimer le caractère de la dotalité à l'apport mobilier d'une femme mariée sous le régime de la communauté. On pourrait objecter que restreinte aux rapports des époux, cette clause est sans objet, puisqu'elle n'ajoute rien à la loi. Mais on peut répondre que cette clause était celle de l'ancienne pratique, où elle n'était pas sans utilité parce que des auteurs avaient soutenu que malgré la clause de reprise d'apport franc et quitte, et sa renonciation, la femme devait payer la moitié des dettes qu'elle avait personnellement contractées. La formule de la pratique s'était formée pour repousser

l'application de cette doctrine à supposer qu'elle pût prévaloir. La stipulation a encore aujourd'hui, comme autrefois, l'avantage de mieux faire ressortir l'idée que la femme, non-seulement reprendra son apport sans être tenue des dettes de la communauté contractées par le mari seul, mais même pourra réclamer de ce dernier une indemnité pour celles de ces dettes auxquelles elle se trouverait personnellement obligée. D'ailleurs, lors même que la stipulation serait surabondante, on ne serait pas encore en droit de l'interpréter au détriment des tiers qui, voyant les époux mariés sous le régime de communauté, ont fort bien pu n'y voir qu'une simple modification de ce régime. Cependant des arrêts nombreux ont interprété la clause comme pouvant se trouver opposable aux créanciers. Voici comment on a raisonné. La jurisprudence et la majeure partie des auteurs admettent qu'on peut introduire dans le régime de la communauté certaines règles exorbitantes du droit commun empruntées au régime dotal, et par exemple décider que les immeubles propres de la femme seront inaliénables. Cela étant admis pour les immeubles, la même question se pose pour ceux qui admettent l'inaliénabilité de la dot mobilière et elle doit être résolue de même; la femme en réalisant son mobilier à l'origine, pourrait frapper ce mobilier d'inaliénabilité, convenir qu'elle ne pourra céder sa créance en reprise, se placer, en un mot, pour le mobilier, sous le régime dotal, tout en étant mariée en communauté. S'il en est ainsi, quand les tribunaux seront en présence d'un contrat qui permet à la femme de reprendre ses apports francs et quittes de toutes dettes de la communauté, même quand elle s'y serait obligée, ils auront à se demander si la femme n'a pas voulu non pas *ab initio* mais éventuellement soumettre sa dot mobilière au régime de l'inaliénabilité. En présence de clauses qui disaient que la reprise d'apport serait opposable aux créanciers, la Cour de cassation et beaucoup d'autres cours ont admis ce raisonnement. Des auteurs comme MM. Aubry et Rau (t. 4, § 532 texte et note 12) ne l'admettent que s'il a été formellement déclaré que la femme exercerait ses reprises même au préjudice des créanciers de la communauté vis-à-vis desquels elle se serait personnellement obligée ou envers lesquels elle aurait été condamnée.

221. Il en résulterait que les obligations contractées par la femme pendant le mariage pourraient s'exécuter sur ses immeubles considérés comme paraphernaux, mais non sur ses reprises mobilières qu'elle n'aurait pu compromettre. Ses créanciers ne pourraient, après la dissolution de la communauté, saisir les effets ou valeurs formant l'objet des reprises de leur débitrice, et toutes subrogations qu'elle aurait consenties à son hypothèque légale seraient sans effet en ce qui concerne ces reprises.

222. Pour que ce système se soutienne, il faut admettre que les époux peuvent, dans leurs conventions matrimoniales, combiner le régime dotal avec celui de la communauté. Car s'il fallait voir dans la clause dont il s'agit un régime dotal *parte in qua*, le système croulerait par sa base, car la soumission même partielle au régime dotal ne peut résulter que d'une stipulation

expresse. Aussi la jurisprudence arrive aux résultats que nous avons indiqués par interprétation des clauses du contrat.

223. On a fait au système qui vient d'être exposé cette objection : on a dit qu'on stipulait ainsi une sorte de régime matrimonial distinct de la communauté sous une condition potestative.

De cette objection il faut écarter l'idée de condition potestative, car la condition n'est pas purement potestative ; pour que la femme se place sous ce régime, il faut d'abord qu'elle renonce. Mais il reste du moins ceci que l'adoption du régime est subordonnée à une option de la femme, donc à une condition, et l'on ne peut adopter un régime sous condition. Sans doute l'art. 1399 ne parle que du terme, mais le but de cet article est d'établir la fixité des conventions matrimoniales, de prévenir les inconvénients de la variation de régime ; or ces inconvénients ne résulteraient-ils pas de la condition plus encore que du terme, puisque la rétroactivité du second régime qu'il faudrait substituer au premier, même pour le passé, serait précisément une source féconde de difficultés inextricables, en sorte que c'est par *à fortiori* qu'il faut appliquer à la condition ce que l'article dit du terme ? — On répond que sans doute on ne peut faire succéder le régime dotal au régime de communauté sous condition, mais que, tant qu'on se maintient dans le même régime, la loi admet qu'on puisse le modifier en quelque point ; la meilleure preuve, c'est notre clause même admise sous condition. Il n'en est pas moins vrai que si de nom ce n'est pas le régime dotal, de fait c'est bien ce régime que crée la clause dont nous parlons. Il n'y a pas d'inconvénient à ce que le régime puisse être modifié lorsque cette modification reste étrangère aux tiers; mais quand elle peut comme ici leur tendre un piége, la loi n'a pas dû le permettre. Aussi nous nous rangeons à l'opinion qui admet que cette clause n'est pas opposable aux créanciers de la communauté (*Revue critique*, 1856, t. 9, p. 522).

VIII. DU PRÉCIPUT CONVENTIONNEL.

224. Le préciput conventionnel, ainsi nommé par opposition au préciput légal qui avait lieu dans certaines coutumes, est une clause par laquelle l'un des conjoints, ordinairement le survivant, est autorisé à prélever sur la masse commune, avant tout partage, soit une certaine somme, soit une certaine quantité d'objets mobiliers ou immobiliers, soit certains meubles ou immeubles spécialement désignés. Le préciput peut d'ailleurs être stipulé en usufruit ou en pleine propriété.

225. De cette nature du préciput, il résulte que la femme ne peut y avoir droit qu'en acceptant la communauté et que c'est seulement sur les biens de la communauté que le préciput peut s'exercer. Toutefois, ces deux règles ne sont pas essentielles, car on peut stipuler que la femme aura droit au préciput même en renonçant, et il en résulte les deux conséquences suivantes : que la femme peut le réclamer malgré sa renonciation et qu'elle peut en poursuivre le payement sur les biens propres du mari, quand même elle ac-

cepterait la communauté. La clause de préciput, avec stipulation qu'elle aura droit au préciput même en cas de renonciation, est donc plus avantageuse pour la femme que la clause par laquelle elle se réserve de reprendre, en cas de renonciation, une certaine somme pour lui tenir lieu de ses apports. En effet, la femme peut user de la première clause même en acceptant la communauté, tandis qu'elle ne peut user de la seconde qu'en y renonçant.

226. Le préciput ne constitue pas une libéralité soumise aux règles des donations, soit quant à la forme, soit quant au fond, mais une convention de mariage ayant pour objet de modifier les effets de la communauté légale et qui n'est sujette à réduction que dans l'hypothèse prévue par l'art. 1527.

227. Le préciput s'ouvre conformément aux termes du contrat de mariage. Comme le plus ordinairement il est stipulé au profit du survivant, il ne s'ouvre qu'à la mort naturelle de l'un des époux. S'il arrivait que les deux époux fussent morts dans un même événement, il n'y aurait pas lieu d'invoquer ici les présomptions de survie posées par les art. 720-722, et par suite les héritiers de l'un et de l'autre des époux seraient également non recevables à réclamer le préciput. Mais la communauté peut aussi se dissoudre par la séparation de corps et de biens, ou provisoirement par l'absence. En cas d'absence, si le préciput a été stipulé pour le survivant, l'époux présent optant pour la dissolution de la communauté, prend le préciput à condition de donner caution. Dans les deux autres cas, il n'y a pas lieu, quant à présent, à l'ouverture du

préciput, à moins d'une convention spéciale. Si alors la femme a droit éventuellement au préciput, aux termes de l'art. 1518, le mari peut le conserver à la charge de donner caution. Mais l'art. 1518 ne se réfère qu'au cas où la femme avait droit au préciput, même en cas de renonciation, et où elle a effectivement renoncé à la communauté; en effet, si l'on appliquait l'art. 1518 même au cas où la femme accepte la communauté, la femme acceptante serait provisoirement dans une position pire que celle dans laquelle elle se trouverait si aucun préciput n'avait été stipulé à son profit.

On pourrait aussi appliquer au mari ou à la femme acceptante l'obligation de donner caution pour la moitié du préciput dont ils seraient débiteurs; mais pour la femme ce serait une caution légale, et aucune loi ne l'oblige à la donner. La femme n'étant pas obligée de donner caution, le mari ne doit pas non plus être tenu d'en donner une, d'autant plus que le texte manque. Quand la femme renonce, la faveur que la loi lui fait s'explique parfaitement; cette renonciation élève en effet contre le mari une présomption de mauvaise administration, et rend d'autant plus nécessaires des garanties destinées à protéger les intérêts de la femme que les valeurs formant l'objet de son préciput demeurent tout entières aux mains du mari.

228. L'époux contre lequel la séparation de corps a été prononcée perd son droit au préciput (art. 1518, arg. *a contrario*). Si la séparation de corps a cet effet de faire perdre au conjoint contre lequel elle est prononcée le préciput qui n'est qu'un avantage résultant d'une convention matrimoniale, à plus forte raison doit-elle faire perdre le bénéfice qui résulte des simples libéralités faites à ce conjoint par contrat de mariage. L'art. 1518 fournit donc un argument *à fortiori* pour appliquer à la séparation de corps ce que l'art. 299 disait du divorce.

229. La clause de préciput doit être restreinte aux objets que les parties ont formellement indiqués. Si le préciput est illimité, c'est-à-dire s'il comprend tous les objets d'une certaine espèce qui dépendront de la communauté au jour de sa dissolution, toutes les choses de ces espèces en font partie en quelque nombre qu'elles soient et à quelque prix qu'elles montent, lors même que ce prix serait excessif eu égard à l'état et aux facultés des parties; car il n'appartient plus aux juges de décider que, quoique les parties n'aient pas limité le préciput à une somme déterminée, elles sont néanmoins censées être convenues d'un préciput qui fût proportionné à leur état et à leurs facultés. Aussi les héritiers de l'époux prédécédé ne seraient plus fondés à en demander la réduction *arbitrio judicis*, sauf le cas où, en vue de grossir le préciput, des acquisitions auraient été faites pendant la dernière maladie du conjoint prédécédé.

230. D'ailleurs, la clause de préciput est sans aucune influence sur les droits qui appartiennent aux créanciers des époux sous le régime de la communauté légale. Ces créanciers peuvent poursuivre la vente des objets dont le prélèvement a été stipulé au profit de l'un des époux, sauf à celui-ci son recours pour la valeur de ces objets. Ce recours s'exercera sur les autres

biens communs et jusqu'à épuisement de ces biens communs pour un préciput ordinaire ; mais si la femme a stipulé son droit au préciput même en cas de renonciation, elle pourra, en cas d'insuffisance des biens communs, exercer son recours sur les biens personnels du mari. Si le prélèvement du préciput avait eu lieu avant le désintéressement des créanciers, le montant du préciput devrait être compris dans l'émolument de la femme, et par suite elle en devrait compte aux créanciers (1483).

IX. DES CLAUSES PAR LESQUELLES ON ASSIGNE A CHACUN DES ÉPOUX DES PARTS INÉGALES DANS LA COMMUNAUTÉ.

231. La règle de la communauté légale, d'après laquelle la masse commune se partage par moitié entre les deux époux ou leurs héritiers, peut recevoir des modifications diverses dont la loi indique ici trois principales : 1° l'attribution directe de parts inégales (art. 1521) ; 2° le forfait de communauté (art. 1522-1524); 3° l'attribution éventuelle à l'un des époux de la communauté entière (art. 1525).

232. Ces stipulations ne sont pas les seules permises aux époux qui, dans les limites de l'ordre public et des bonnes mœurs, jouissent du droit de régler librement leurs conventions de mariage. Ainsi, les époux pourraient assigner à l'un les immeubles et à l'autre le mobilier de la communauté. On l'a contesté en disant qu'une telle convention fournirait au chef de la communauté toute facilité pour se faire des avan-

tages considérables; mais la facilité qu'une convention offre à la fraude n'en a jamais emporté la nullité. Les époux pourraient encore attribuer au survivant tout l'actif mobilier ou tout l'actif immobilier au delà de sa part dans la communauté.

1° De l'attribution de parts inégales.

233. Quelle que soit l'importance respective de leurs apports, les futurs époux peuvent assigner, soit à l'un d'eux nommément, soit au survivant ou aux héritiers du prémourant (et non au survivant ou à ses héritiers), une part plus forte ou moindre que la moitié de la communauté. Si l'assignation est faite à l'époux survivant, quel qu'il soit, le partage par portions inégales aura toujours lieu, sauf le cas de mort simultanée des époux dans un même événement; si l'assignation est faite à tel époux s'il survit, en cas de prédécès de cet époux, on reviendra au droit commun du partage par moitié. Cette convention peut aussi se faire sous condition, par exemple s'il n'y a pas d'enfants du mariage; elle peut se faire pour l'époux seulement ou pour l'époux et ses héritiers, ce qui aurait lieu si l'attribution était faite à tel époux absolument, indépendamment de toute idée de survie ou de prédécès. Enfin, la convention de parts inégales peut être stipulée en vue de tous les événements susceptibles d'amener la dissolution de la communauté; mais si elle l'a été pour le cas de survie seulement et que la communauté vienne à se dissoudre par la séparation de corps ou par la séparation de biens, la convention demeure en

suspens jusqu'au décès de l'un des époux; jusqu'à ce moment, il ne se fait qu'un partage provisoire et par portions égales, et sans que celui d'entre eux qui peut éventuellement avoir droit à une part supérieure à la moitié, soit autorisé à demander caution à l'autre.

234. Chacun des époux doit supporter dans les dettes de la communauté une part proportionnelle à celle qu'il prend dans l'actif (art. 1521). Si la convention, en attribuant à l'un des époux une part d'actif plus ou moins forte que la moitié, lui assignait une part différente dans le passif, elle serait nulle pour le tout et l'on retomberait sous l'empire du droit commun qui veut le partage égal par moitié. Cependant des auteurs disent que ce qui est nul c'est la répartition différente entre l'actif et le passif, et que si les parties consentaient d'un commun accord à réparer le vice de cette convention et à supporter chacun les dettes proportionnellement à sa part de l'actif, il n'y aurait aucun motif d'annuler la convention en son entier. Mais si les termes de l'art. 1518 « la convention est nulle, » présentent un peu d'ambiguïté, il faut les interpréter par les principes généraux, à savoir que les conditions d'un contrat sont indivisibles. C'était, du reste, l'opinion de Pothier. La seconde partie de la convention, dit-il, est une condition de la première; la nullité de la seconde partie de la convention doit donc entraîner la nullité de la première, et la convention doit être déclarée nulle dans sa totalité.

235. Tant que dure la communauté, la règle de contribution aux dettes qu'établit entre les époux la clause de parts inégales reste étrangère aux rapports

de ces époux et de leurs créanciers respectifs. Après la dissolution, la femme ne peut être poursuivie pour les dettes communes qui ne procèdent pas de son chef que dans la proportion de sa part dans l'actif, que cette part soit inférieure ou supérieure à la moitié. Et, bien que sa part dans l'actif de la communauté soit plus forte que la moitié, elle n'en jouit pas moins du bénéfice des art. 1483 et 1453, c'est-à-dire du droit de renoncer à la communauté, ou de n'être tenue, en faisant inventaire, que dans les limites de son émolument. Ceux de ses créanciers personnels dont les dettes étaient tombées dans la communauté peuvent poursuivre le mari, non plus pour moitié, mais dans la mesure de ce qu'il prend dans la communauté. Et ici, comme sous le régime de la communauté légale, nous ne ferons pas de distinction entre les dettes contractées par la femme avec autorisation du mari ou de justice dans les hypothèses de l'art. 1427, et les dettes antérieures au mariage ou grevant les donations et successions échues à la femme pendant la communauté; et de même que nous avons décidé que le mari, sous la communauté légale, n'était tenu des unes et des autres que pour moitié, de même nous dirons qu'ici il peut, pour les unes comme pour les autres, limiter à la part qu'il prend le droit de ces créanciers contre lui. Du reste, chacun des époux, sauf son recours tel que de droit, demeure tenu envers les créanciers de l'intégralité des dettes qui procèdent de son chef.

2° *Du forfait de communauté.*

236. Une seconde manière de déroger au partage égal de la communauté, c'est la clause de forfait de communauté, par laquelle les futurs époux stipulent que l'un d'eux ou ses héritiers n'auront à prétendre qu'une certaine somme pour tous droits de communauté.

237. Le forfait de communauté comme l'assignation de parts inégales peut être stipulé à l'égard de l'un des époux indistinctement ou à l'égard de tel époux spécialement, à l'égard de l'époux seulement, ou de l'époux et de ses héritiers, ou même des héritiers seulement. Il peut être stipulé purement et simplement ou sous une ou plusieurs conditions, en vue du décès d'un des époux ou en vue de toute dissolution de la communauté; enfin il peut constituer une obligation ou une simple faculté.

238. Si la condition à laquelle le forfait est subordonné ne s'accomplit pas, ou si l'hypothèse en vue de laquelle il a été convenu ne se réalise pas, il n'y a pas lieu à l'application du forfait, mais au partage égal de la communauté, d'après le droit commun. C'est ce qu'exprime l'art. 1523 : « Si la clause n'établit le forfait qu'à l'égard des héritiers de l'époux, celui-ci, dans le cas où il survit, a droit au partage légal par moitié. » De même et dans cette même hypothèse, les héritiers eux-mêmes pourraient avoir droit au partage légal par moitié, par exemple si la communauté venait à se dissoudre du vivant de leur auteur par une séparation de corps ou de biens. Dans ce cas le droit de partager

la communauté par moitié avec l'autre époux s'étant ouvert au profit de celui dont les héritiers avaient été écartés du partage par la clause de forfait, ceux-ci succèdent à ce droit quand même leur auteur serait décédé sans l'avoir exercé, et l'époux survivant ne pourrait pas se prévaloir contre eux de la clause de forfait. Cette clause s'est évanouie avec la condition dont elle dépendait.

239. Le principe en cette matière est que le prix stipulé est dû à l'époux dont les droits ont été fixés à une certaine somme, quel que soit l'état de la communauté à la dissolution, et alors même que, après déduction des dettes, l'actif social ne suffirait pas pour l'acquitter. En effet, il s'agit ici d'un contrat aléatoire dont les résultats désavantageux ne sauraient autoriser le conjoint à s'en dégager sous prétexte que le pacte a été introduit en sa faveur. C'est ce qu'énonce l'art. 1525 : « Lorsqu'il est stipulé que l'époux ou ses héritiers ne pourront prétendre qu'une certaine somme pour tout droit de communauté, la clause est un forfait qui oblige l'autre époux ou ses héritiers à payer la somme convenue, soit que la communauté soit bonne ou mauvaise, suffisante ou non pour acquitter la somme. » Toutefois il en serait autrement si le forfait n'avait été stipulé que comme une simple faculté, par exemple si l'on avait dit: Il sera loisible au mari de retenir toute la communauté en payant aux héritiers de la femme une somme de..., ou bien si, à la clause portant que la femme, par exemple, prendrait telle somme pour tout droit de communauté, on avait ajouté cette restriction: « Si tant s'en trouve. » Dans le premier cas il dépen-

drait du choix du mari d'admettre les héritiers de la femme au partage égal de la communauté ou de restreindre leurs droits à la somme promise; dans le deuxième cas, la somme promise ne serait due que jusqu'à concurrence de ce qui se trouverait de biens dans la communauté. Ce ne serait plus là le forfait de communauté avec son caractère aléatoire, mais une clause d'une autre sorte dont le principe de la liberté des conventions de mariage autorise pleinement l'adoption par les époux.

240. Revenons au véritable forfait de communauté et supposons-le stipulé à l'égard de la femme, c'est-à-dire attribuant au mari le droit de retenir la totalité de la communauté en payant à la femme une somme fixée. Sauf que le mari doit payer à la femme la somme promise, la situation, en ce qui concerne les droits et les obligations des époux ou de leurs héritiers, est exactement la même que lorsque la femme renonce à la communauté légale. Ainsi le mari ou ses héritiers sont obligés d'acquitter toutes les dettes de la communauté et les créanciers n'ont, en ce cas, aucune action contre la femme ni contre ses héritiers (art. 1524, §§ 1 et 2). Il y a ici un principe bien différent de celui qui a dicté l'art. 780 en matière de succession. Aux termes de cet article, la renonciation à des droits successifs moyennant un prix, emporte acceptation de la succession; au contraire, en matière de communauté, quand c'est dans le contrat de mariage que le prix a été convenu, il y a renonciation; c'est une situation particulière régie par le contrat de mariage dont il faut suivre la loi. Si en dehors de toute convention stipulée

dans le contrat de mariage le mari comptait à sa femme une somme de... pour ses droits dans la communauté, il faudrait appliquer l'art. 780, considérer la femme comme acceptante et la déclarer tenue envers les créanciers pour moitié ou jusqu'à concurrence de la somme reçue.

241. La femme, considérée comme renonçante, est à l'abri de toute poursuite de la part des créanciers de la communauté, à l'exception de ceux envers qui elle se trouve personnellement obligée, et lorsqu'elle a dû payer de pareilles dettes, elle a son recours tel que de droit contre le mari (art. 1524 et 1494). Mais la femme reste débitrice des récompenses ou indemnités qu'elle peut devoir à la communauté ou au mari, soit pour acquittement de dettes mobilières antérieures au mariage qu'une clause de séparation de dettes avait exclues de la communauté, soit pour impenses autres que celles d'entretien faites des deniers de la communauté sur ses héritages propres, soit pour quelque autre cause. Toutes ces créances que la communauté a contre la femme, le mari peut les déduire de la somme portée par la convention, qui peut ainsi se trouver épuisée ou même excédée, à tel point que le mari se trouve quitte ou même créancier de l'excédant. De son côté le mari, outre la somme convenue, doit à la femme tout ce que la communauté lui doit pour ses reprises, remplois de propres, ou pour quelque autre cause que ce soit.

242. La clause de forfait peut aussi être stipulée à l'égard du mari et c'est alors la femme qui a le droit de retenir la communauté entière en payant au mari

ou à ses héritiers une somme déterminée. Mais ici se présente, avec le cas précédent où la clause est à l'égard de la femme, une différence considérable qui résulte du droit de la femme de renoncer à la communauté, droit d'ordre public et dont elle ferait vainement l'abandon anticipé. C'est ce que le dernier paragraphe de l'art. 1524 exprime en ces termes : « Si c'est la femme survivante qui a, moyennant une somme convenue, le droit de retenir toute la communauté contre les héritiers du mari, elle a le choix ou de leur payer cette somme en demeurant obligée à toutes les dettes, ou de renoncer à la communauté, et d'en abandonner aux héritiers du mari les biens et les charges. » Il résulte de là que la renonciation de la femme l'affranchit de l'obligation de payer au mari la somme promise et produit au surplus les mêmes effets que sous le régime de la communauté légale.

243. Mais si la femme ou ses héritiers optent pour l'acceptation de la communauté, ils sont tenus tant à l'égard du mari ou de ses héritiers qu'à l'égard des créanciers, de toutes les dettes communes. Toutefois le mari demeure tenu, sauf son recours contre la femme, de la totalité des dettes dont le payement intégral, sous le régime de la communauté légale, serait à sa charge même après le partage de la communauté. De plus le mari doit tenir compte à la femme même sur la somme qui lui revient à titre de forfait, de tout ce dont il se trouve être débiteur envers la communauté.

244. Ici s'élève une question sur laquelle les auteurs sont très-divisés : La femme peut-elle, en cas d'accep-

tation, lorsqu'elle a rempli les formalités prescrites par l'art. 1483, jouir du bénéfice de n'être tenue que jusqu'à concurrence de son émolument envers les créanciers dont elle n'est pas la débitrice personnelle? Pour soutenir la négative, on invoque l'art. 1524 qui ne laisse à la femme d'autre alternative que d'accepter la communauté *en payant toutes les dettes*, ou d'y renoncer. La femme qui accepte la communauté ne peut donc pas s'exonérer en ne payant qu'une partie des dettes. La réserve expresse que l'art. 1524 fait en faveur de la femme du droit de renoncer ne rend-elle pas plus significatif encore le silence que cet article garde sur le bénéfice établi par l'art. 1483? Et d'ailleurs comment, dans un système d'association conjugale exclusif de toute idée de partage, qui donne à l'un des époux une somme fixe, à l'autre toute la communauté, transporter un bénéfice qui n'est accordé qu'à la charge de faire bon et fidèle inventaire; comment l'idée d'inventaire pourrait-elle ici trouver place? N'est-ce pas déjà assez que la femme puisse, en renonçant à la communauté, se soustraire aux obligations résultant de la convention sans rejeter encore sur le mari des dettes dont il devrait se croire affranchi et lui enlever le prix de la cession qui, dans l'esprit de la convention, lui était irrévocablement acquis (Marcadé, 1524, 2; Rodière et Pont, 2, 337; Troplong, 3, 2166)? Quelle que soit la valeur de ces raisons, nous pensons que l'on peut, sans exagérer la protection de la femme et sans se montrer par trop *uxorius*, admettre que le bénéfice accordé par l'art. 1483 à la femme qui a fait bon et fidèle inventaire n'est pas incompatible avec le forfait de communauté. Si la femme se l'était réservé par contrat de mariage, il serait assurément bien difficile de le lui refuser : il s'agit donc de savoir si l'art. 1524 lui dénie, comme le prétend l'opinion adverse, le droit d'user de ce bénéfice ; sans doute cet article ne laisse à la femme que le choix entre l'acceptation et la renonciation, mais en réalité l'art. 1483 n'offre pas à la femme un troisième parti à prendre, mais le droit qu'il confère se trouve virtuellement attaché à l'acceptation même pour en limiter les conséquences, de sorte qu'il faudrait une disposition formelle pour que la femme en puisse être privée. L'art. 1524 n'exclut donc pas l'application du droit commun. Pourquoi d'ailleurs, quand c'est le mari qui a le droit de prendre le forfait, la clause ne lie-t-elle pas la femme comme le mari ? C'est qu'on n'a pas admis que même par contrat de mariage la femme puisse se dépouiller du droit de renoncer à la communauté. S'il en est ainsi, est-ce que la femme peut davantage renoncer d'avance et par contrat de mariage au bénéfice que lui donne l'art. 1483 ? Ne lui permettre alors qu'après avoir accepté la communauté, elle peut se voir poursuivie pour des dettes restées inconnues jusque-là, n'est-ce pas se mettre en opposition avec l'esprit de la loi dont le but a été précisément de garantir la femme contre les mécomptes et les pertes auxquels elle pourrait se trouver exposée par l'acceptation d'une communauté en apparence prospère ? Il est vrai que les créanciers recourront contre le mari qui n'aura pas toute la somme promise, mais la loi ne garantit pas le forfait au mari qui recommence à être tenu pour tout ce qui excède l'émolument de la femme (Aub. et Rau, p. 427, n° 2, note 8).

3° De l'attribution éventuelle de toute la communauté à l'un des époux.

245. On pourrait croire au premier abord que la clause par laquelle les futurs époux conviennent que toute la communauté appartiendra au survivant ou à l'un d'eux en cas de survie, n'est pas simplement modificative de la communauté légale, mais bien exclusive de toute communauté. Il en serait ainsi en effet si l'attribution de la prétendue communauté était faite purement et simplement à l'une des parties et sans condition de survie ou de prédécès. Mais telle n'est pas la clause prévue par notre article : il ne parle que d'une attribution éventuelle, au profit de celui qui survivra ou au profit de tel époux s'il survit, de sorte que chacun des conjoints conserve l'espoir d'obtenir seul les biens dans le premier cas, et que dans le second, celui qui n'est point appelé à la totalité peut du moins, par sa survie, arriver au partage légal par moitié. Cette clause peut d'ailleurs, comme les précédentes, être stipulée sous condition.

246. Mais elle diffère des deux précédentes en ce que, à moins de stipulation contraire, l'époux privé de toute part dans la communauté ou ses héritiers ont la faculté de reprendre tout ce qui est entré de son chef dans la communauté, soit par les apports faits lors du mariage, soit par les successions ou donations mobilières échues pendant le mariage. Et il n'est pas besoin pour opérer cette reprise que l'époux se soit ré-

servé ses biens en propre par une clause de réalisation comme le prétendait Toullier (13-422), mais sauf convention contraire, elle ne peut avoir lieu que sous la déduction des dettes qui grevaient ces apports.

247. Le droit résultant de la convention s'ouvre par les mêmes causes qui donnent ouverture au préciput conventionnel ; les règles alors posées doivent ici recevoir leur application. Ainsi, en cas de séparation de biens, la communauté se partage provisoirement suivant les règles ordinaires, sans égard aux stipulations dont l'effet ne doit se réaliser que par la mort de l'un des époux. En cas de séparation de corps, l'art. 1518 doit servir de règle, sauf néanmoins en ce qui concerne la déchéance au préjudice de l'époux contre lequel la séparation de corps a été prononcée. Cela s'applique aussi au forfait de communauté.

248. Enfin la clause dont il s'agit produit entre les époux ou à l'égard des créanciers les mêmes effets en général que le forfait de communauté. Ici encore la femme au profit de laquelle le droit s'est ouvert de garder toute la communauté, conserve le droit d'y renoncer ou de n'être tenue, en faisant bon et fidèle inventaire, que jusqu'à concurrence de son émolument. Toutefois sur ce dernier point il existe la même controverse que pour le forfait de communauté.

249. Il va sans dire que les futurs époux pourraient modifier la clause de diverses manières, convenir, par exemple, que le survivant, au lieu de la communauté entière, prendra seulement une moitié de cette communauté et l'usufruit de l'autre moitié. Il n'aurait alors à supporter qu'une moitié des dettes et les intérêts, sa

vie durant, de l'autre moitié. Les futurs époux pourraient aussi étendre la clause et dire que le survivant prendra toute la communauté, y compris les apports de l'autre conjoint; mais alors l'abandon de ces apports constituerait une véritable libéralité qui serait sujette à réduction, non plus seulement dans l'hypothèse prévue par l'art. 1527, mais au profit de tous les héritiers à réserve indistinctement.

APPENDICE.

---

250. L'adoption de la communauté, soit légale, soit conventionnelle, peut avoir pour résultat de procurer à l'un des époux au préjudice de l'autre des avantages considérables. En principe, néanmoins, la convention est considérée comme acte à titre onéreux, comme une clause de l'association, et ne constitue pas une donation que les héritiers réservataires puissent faire réduire à la quotité disponible. Mais on comprend que cette situation devait éveiller la sollicitude du législateur quand l'époux qui procurait à l'autre un avantage laissait des enfants d'un précédent lit, lesquels n'auront aucun droit sur la succession de l'époux avantagé. Aussi, reproduisant en cela une disposition de l'édit des secondes noces de 1560, les art. 1496

et 1527 permettent à ces enfants d'un précédent lit de traiter comme donation la convention d'où résulte l'avantage et de faire réduire cet avantage aux limites de la quotité disponible telle qu'elle est fixée par l'art. 1098, c'est-à-dire au quart des biens laissés par le conjoint ou à une part égale à celle de l'enfant qui prend le moins, lorsque cette part ne dépasse pas le quart.

251. Mais pour déterminer s'il y a avantage excessif, il ne faut tenir compte que des capitaux mis en commun sans considérer les bénéfices résultant des travaux des époux ou des économies faites sur leurs revenus. C'est ce qu'exprime l'art. 1527 : « Les simples bénéfices résultant des travaux communs et des économies faites sur les revenus respectifs, quoique inégaux, des deux époux, ne sont pas considérés comme un avantage fait au préjudice des enfants du premier lit. » Il suit de là que la stipulation d'une communauté réduite aux acquêts ne doit pas, en principe, donner ouverture à l'action en retranchement. Mais il ne faudrait pas aller jusqu'à dire que la convention qui attribuerait à l'un des époux la totalité des bénéfices et économies réalisés ne constituerait pas un avantage indirect soumis à la disposition finale de l'art. 1527; en rédigeant cette disposition le législateur a eu en vue le cas ordinaire du partage de la communauté par moitié, et son intention a été seulement de soustraire à la règle du troisième alinéa de l'art. 1527 les résultats d'un pareil partage alors même que les mises des époux auraient été inégales. Il ne faudrait pas non plus suivre l'opinion de Pothier

qui enseigne que les successions mobilières échues pendant le mariage à l'époux qui a des enfants d'un premier lit ne forment point un avantage sujet à réduction contre le nouvel époux qui recueille la moitié de ces successions; en effet, l'art. 1496 ne distingue pas entre le mobilier échu aux époux pendant le mariage et celui qu'ils possédaient en se mariant, et il résulte de l'art. 1527 qu'il n'y a pas à se préoccuper du point de savoir si l'époux a eu ou non l'intention de procurer un avantage à son nouvel époux, et que c'est le fait seul, les résultats produits qu'il faut considérer.

252. Introduite en faveur des enfants du premier lit, l'action en retranchement peut être exercée par eux, mais elle peut l'être aussi par les enfants nés du mariage quand les enfants négligent d'user du droit qui s'est ouvert en leur faveur. C'est une conséquence de l'égalité qui doit régner dans les partages entre les enfants du même conjoint. Il faut toutefois remarquer que si les enfants du premier lit renonçaient à la succession ou étaient indignes, le droit s'éteindrait par là même et ne pourrait plus être invoqué par personne. Il va sans dire que la réduction ne peut jamais être demandée par l'époux qui a procuré l'avantage excessif : il ne pourrait faire réduire une libéralité ordinaire qu'il aurait faite, comment aurait-il ce pouvoir alors qu'il s'agit d'une disposition où le droit de réduction est plus restreint et n'appartient même pas à tous les réservataires? Par là même ce droit échappe aussi à ses créanciers.

Enfin c'est seulement au décès de l'époux que la

réduction peut être prononcée, et en cas de dissolution de la communauté par suite d'une séparation de corps ou de biens, le droit à la réduction resterait en suspens pour ne s'exercer, s'il y avait lieu, qu'à l'ouverture de la succession de l'époux.

POSITIONS.

DROIT ROMAIN.

I. Bien que des textes semblent dire le contraire, la loi Julia n'a pas donné à la femme un droit de propriété sur les immeubles dotaux.

II. La revendication de l'immeuble dotal, aliéné contrairement aux prohibitions de la loi Julia, peut être exercée soit par le mari pendant le mariage, soit par la femme à la dissolution du mariage : dans ce dernier cas, ou bien le mari lui cédera son action en revendication, ou elle obtiendra du préteur une revendication utile.

III. Ce n'est pas la loi Julia qui a défendu d'hypothéquer le fonds dotal ; c'est par une conséquence déduite du principe posé par le S.-C. Velléien que la jurisprudence est arrivée à formuler cette défense.

IV. En dehors de la revendication du fonds dotal,

la femme, avant Justinien, n'avait pas d'action *in rem* utile pour recouvrer sa dot, même en cas d'insolvabilité du mari.

V. La prescription qui, d'après la loi 30, C., *De jure dotium*, commence à courir dès que le mariage est dissous ou réputé dissous, n'est pas la prescription acquisitive du fonds dotal, mais la prescription libératoire des actions qui compètent à la femme pour la restitution de sa dot.

VI. La règle d'après laquelle, sous Justinien, l'aliénation et l'hypothèque du fonds dotal consenties par la femme et le mari peuvent devenir valables à deux conditions, que la femme renouvelle son consentement au bout de deux années et que le mari soit assez riche pour que le recouvrement de la dot soit assuré, cette règle ne souffre pas d'exception, alors même que l'hypothèque serait constituée pour sûreté d'un emprunt contracté par le mari.

VII. Ce n'est pas seulement à l'égard des créanciers ayant des hypothèques tacites comme la sienne que la femme peut exercer l'hypothèque privilégiée que lui donne la constitution *Assiduis*, mais aussi à l'égard des créanciers qui ont sur les biens du mari une hypothèque expresse et antérieure en date.

DROIT FRANÇAIS.

I. Lorsqu'une dette de la femme inférieure à 150 fr. est constatée par un écrit qui n'a pas date certaine, le créancier peut prouver par témoins que son droit est antérieur au mariage.

II. L'art. 1413 est la seule exception au principe de l'art. 1410.

III. Lorsque la femme s'est obligée solidairement avec son mari et que celui-ci, étant tombé en faillite, a obtenu un concordat, les créanciers ne peuvent poursuivre la communauté comme tenue du chef de la femme.

IV. Le droit de la femme exerçant ses reprises en vertu du 2e et du 3e de l'art. 1470 n'est pas un droit de propriété, mais un droit de créance qui ne lui donne vis-à-vis des créanciers de la communauté aucun droit de préférence autre que celui qu'elle pourrait tirer de son hypothèque légale.

V. Après la dissolution de la communauté et son acceptation par la femme, c'est pour moitié seulement et non pour le tout que le mari, en sa qualité d'époux commun, peut être poursuivi, même quand il s'agit de dettes contractées par la femme avec son autorisation ou avec autorisation de justice dans les hypothèses prévues par l'art. 1427.

VI. Si la femme avant ou pendant son mariage a contracté une dette qui est devenue dette de la communauté, et que, après la dissolution du mariage, le créancier s'étant déjà fait payer par le mari la moitié de cette dette, trouve la femme insolvable, il pourra demander au mari, qui est solvable, tout ce qui excède l'émolument de la femme.

VII. La réalisation de tout le mobilier présent et futur ou du mobilier présent seulement, entraîne l'exclusion du passif de la communauté de toutes les dettes antérieures au mariage.

VIII. N'est pas opposable aux créanciers de la communauté la clause par laquelle la femme stipule qu'elle pourra reprendre son apport franc et quitte de toutes dettes de la communauté, même quand elle s'y serait obligée.

IX. La femme qui a accepté le forfait de communauté peut encore opposer aux créanciers de cette communauté le bénéfice de l'art. 1483.

DROIT PÉNAL.

I. Les art. 57 et 58 C. pén., modifiés par la loi du 13 mai 1863, ne doivent pas s'appliquer aux crimes dégénérant en délits au point de vue de la peine par la vertu des circonstances atténuantes.

II. Le juge civil, saisi d'une action en réparation du

dommage causé par un crime, ne commet pas un excès de pouvoirs et ne viole pas l'art. 2 C. inst. crim. qui porte que l'action publique s'éteint par la mort du prévenu, en affirmant, dans les motifs de la décision par laquelle il accueille l'action civile, l'existence du crime qui lui sert de base, quoique ce crime n'ait point été juridiquement constaté du vivant de son auteur.

DROIT COMMERCIAL.

I. Le créancier chirographaire qui n'a pas le droit de commencer une poursuite en expropriation après le jugement déclaratif de la faillite, n'a pas non plus le droit de la continuer quand il l'a commencée antérieurement.

II. Dans les dix jours qui précèdent la mise en faillite d'un commerçant, l'un de ses débiteurs peut valablement se faire céder par l'un de ses créanciers les droits de celui-ci, de manière à opposer à la faillite la compensation légale.

HISTOIRE DU DROIT.

I. L'origine première de notre communauté se trouve dans les coutumes germaines ; mais l'usage des communautés serviles à l'époque féodale a beaucoup contribué au développement de cette institution, surtout dans les classes inférieures.

II. Les justices seigneuriales ont leur origine, non

dans les usurpations des seigneurs sur la justice royale, mais dans les chartes d'immunités accordées par nos rois, soit à des monastères, soit à quelque grand propriétaire.

DROIT DES GENS.

I. La femme étrangère peut avoir hypothèque légale sur les biens de son mari situés en France.

II. Un État neutre ne doit aider l'un des belligérants, ni directement par lui-même, ni indirectement en laissant à ses sujets la liberté de construire dans ses ports des vaisseaux de guerre destinés à l'une des deux parties.

Le président de la thèse,
LABBÉ.

Vu par nous inspecteur général,
CH. GIRAUD.

Vu et permis d'imprimer,
Le Vice-Recteur,
A. MOURIER.

TABLE DES MATIÈRES.

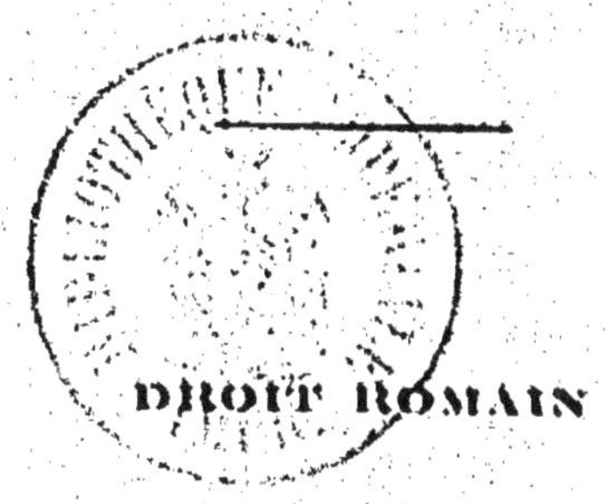

DROIT ROMAIN

DROIT FRANÇAIS

PREMIÈRE PARTIE.

Communauté légale.

DEUXIÈME PARTIE.

Communauté conventionnelle.

Paris. — Imprimé par E. Thunot et Cie, 26, rue Racine.

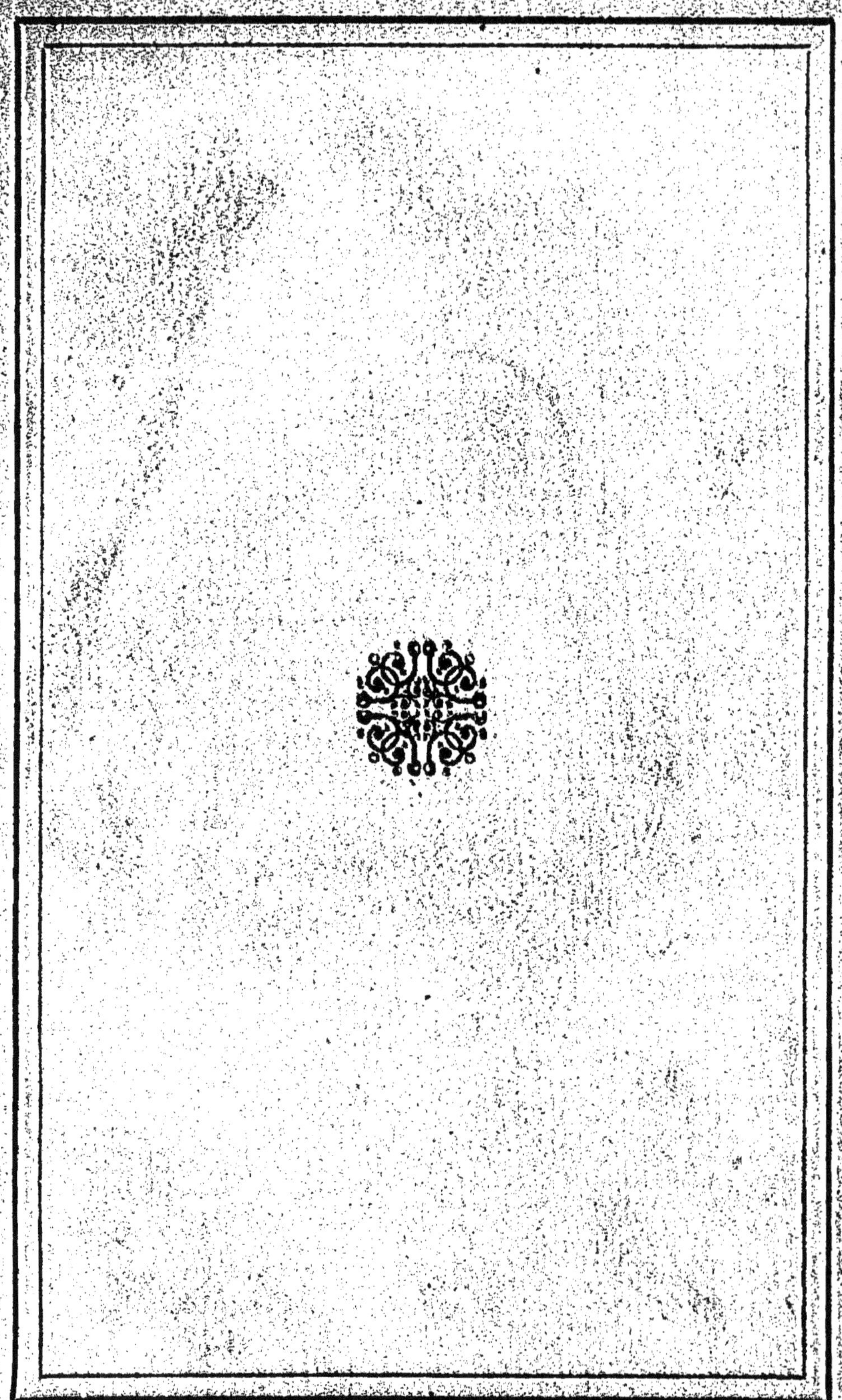

www.ingramcontent.com/pod-product-compliance
Ingram Content Group UK Ltd.
Pitfield, Milton Keynes, MK11 3LW, UK
UKHW020556230726
13926UKWH00005B/2052